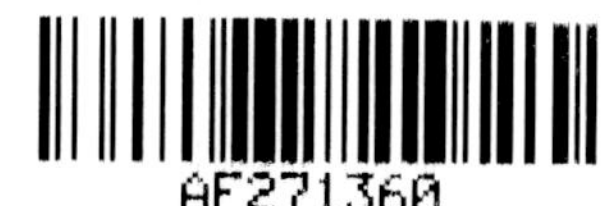

MISTERI NASCOSTI

Adulto Da Colorare Libro Magico Edition

Coloring Bandit

Pubblicato da Speedy Publishing Canada Limited

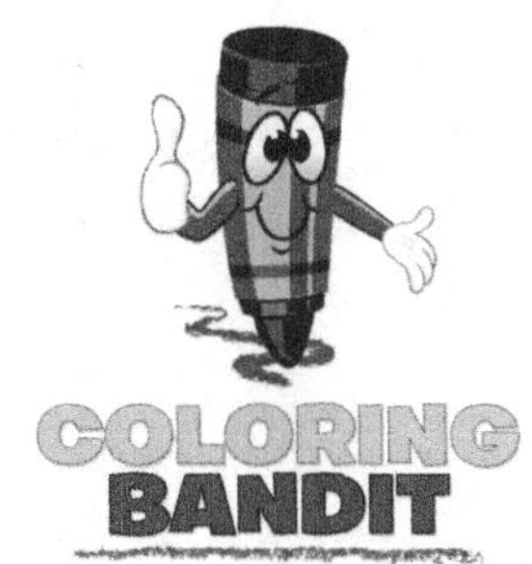

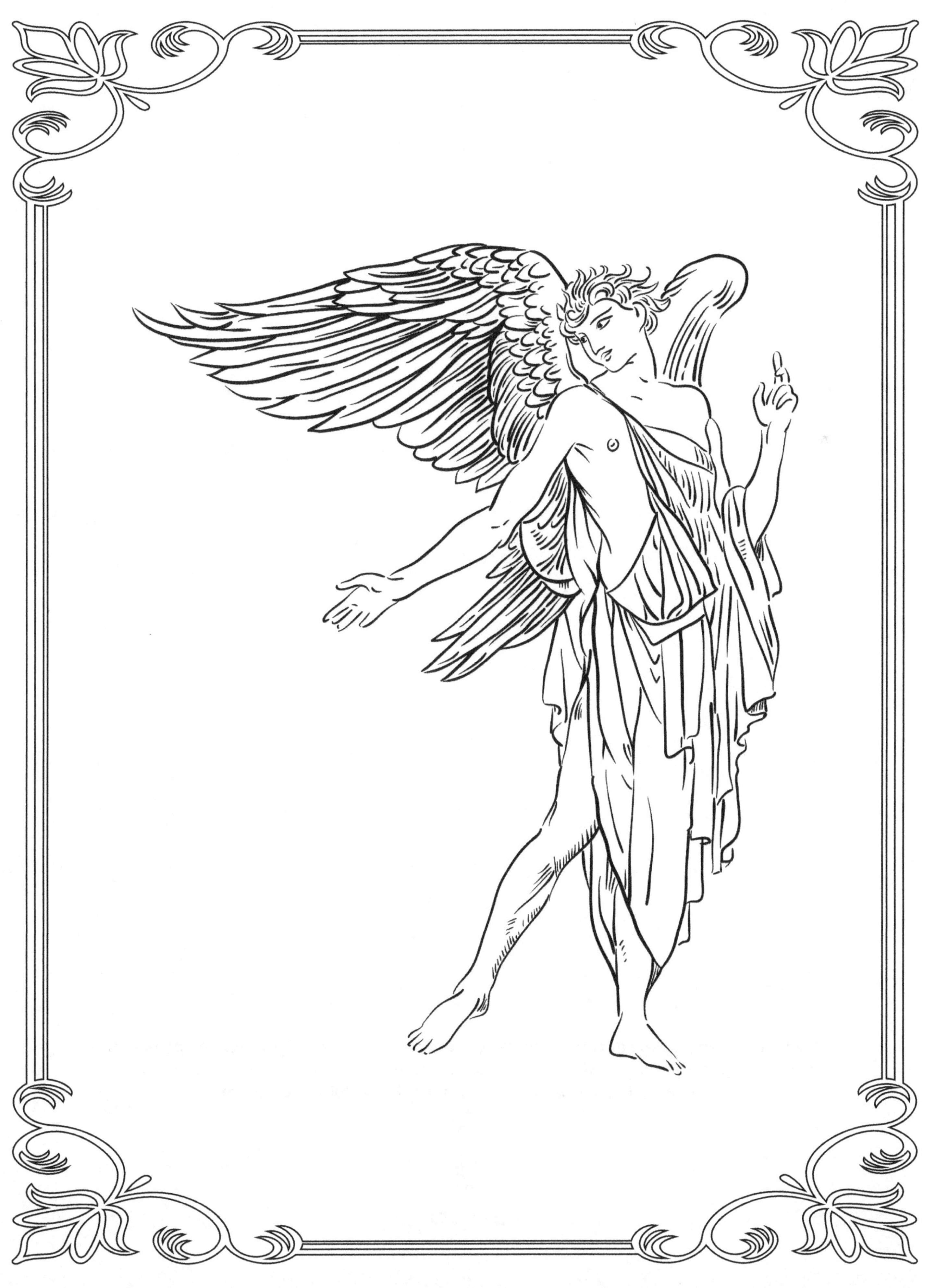

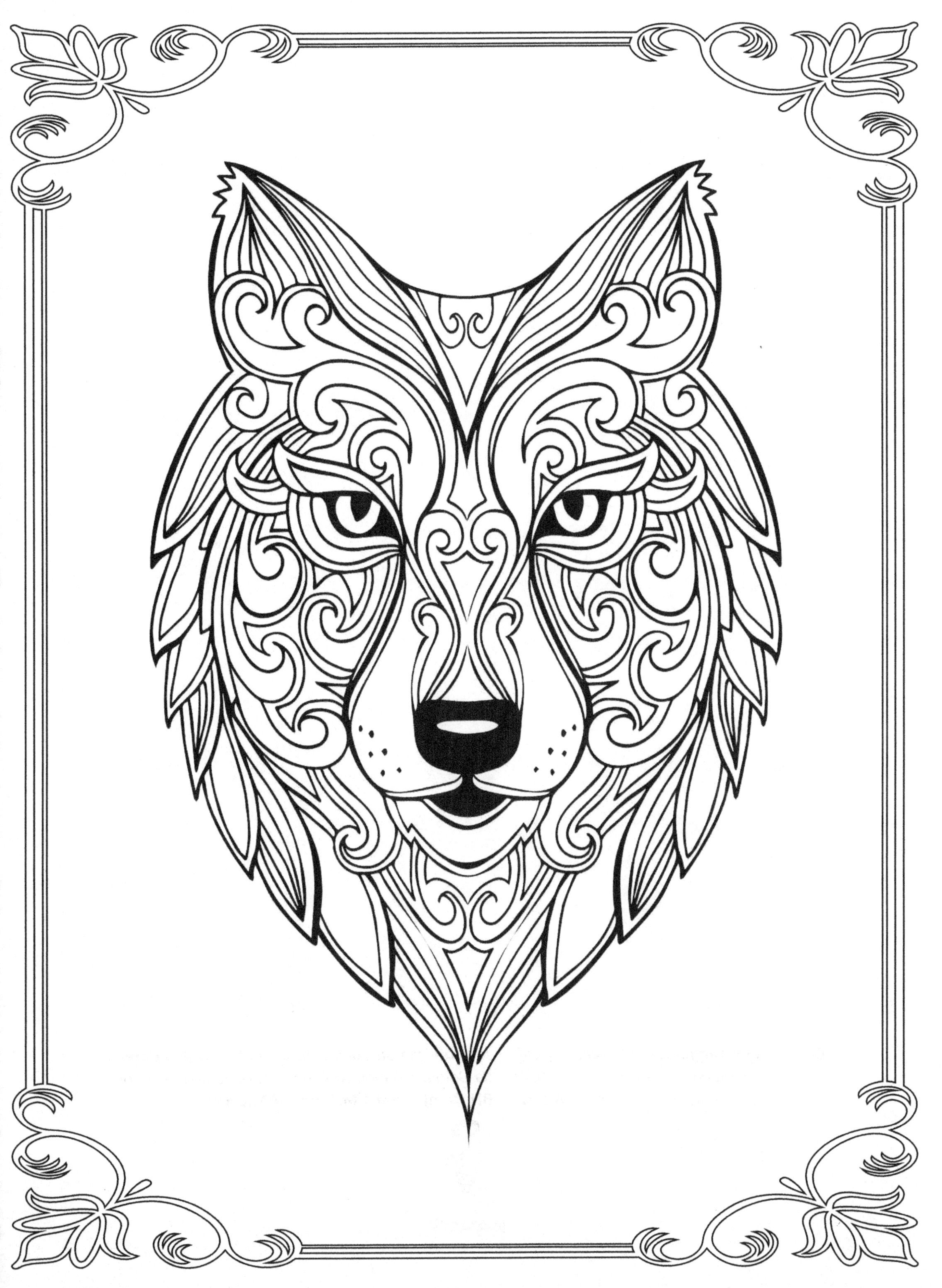

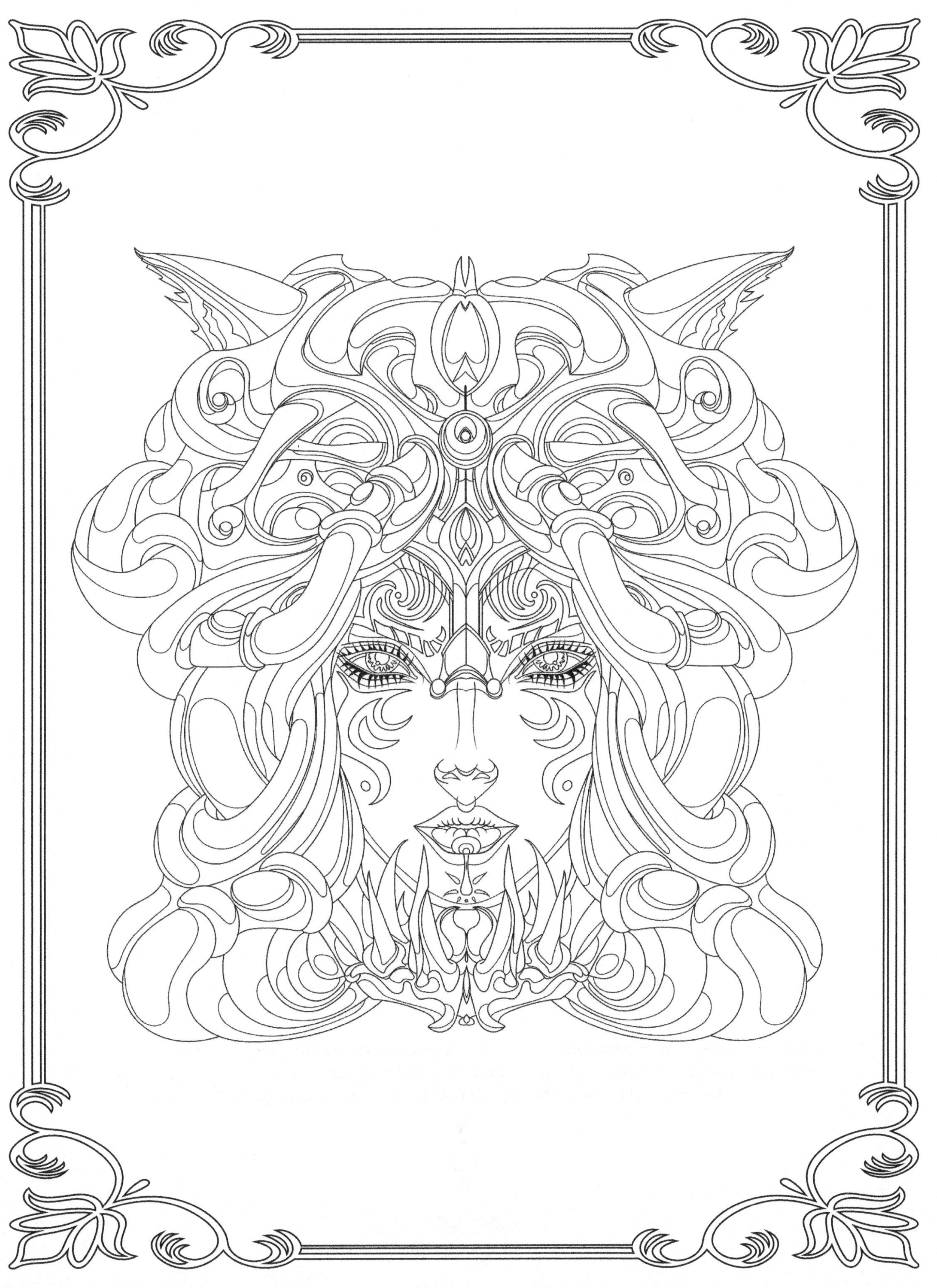

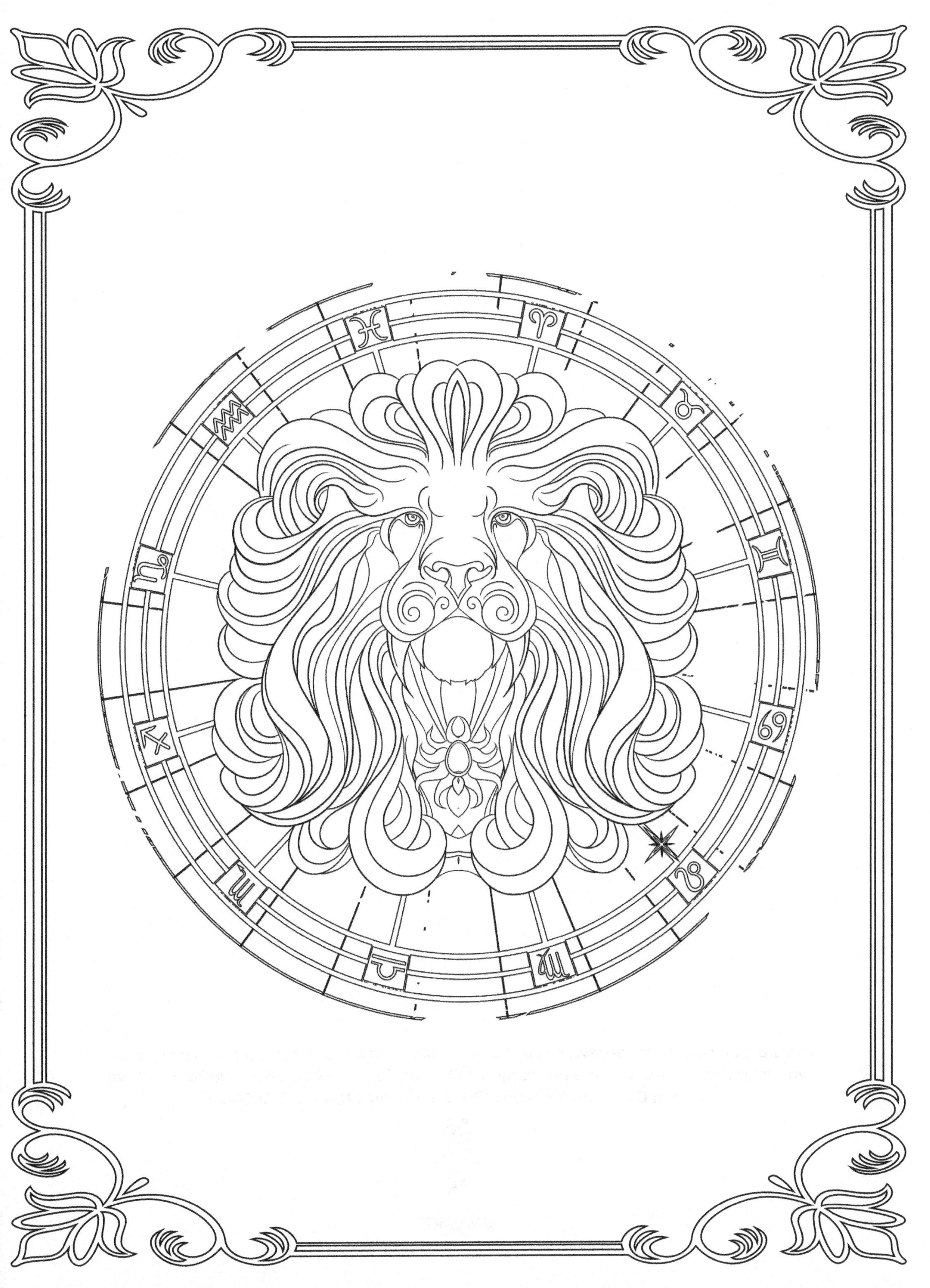

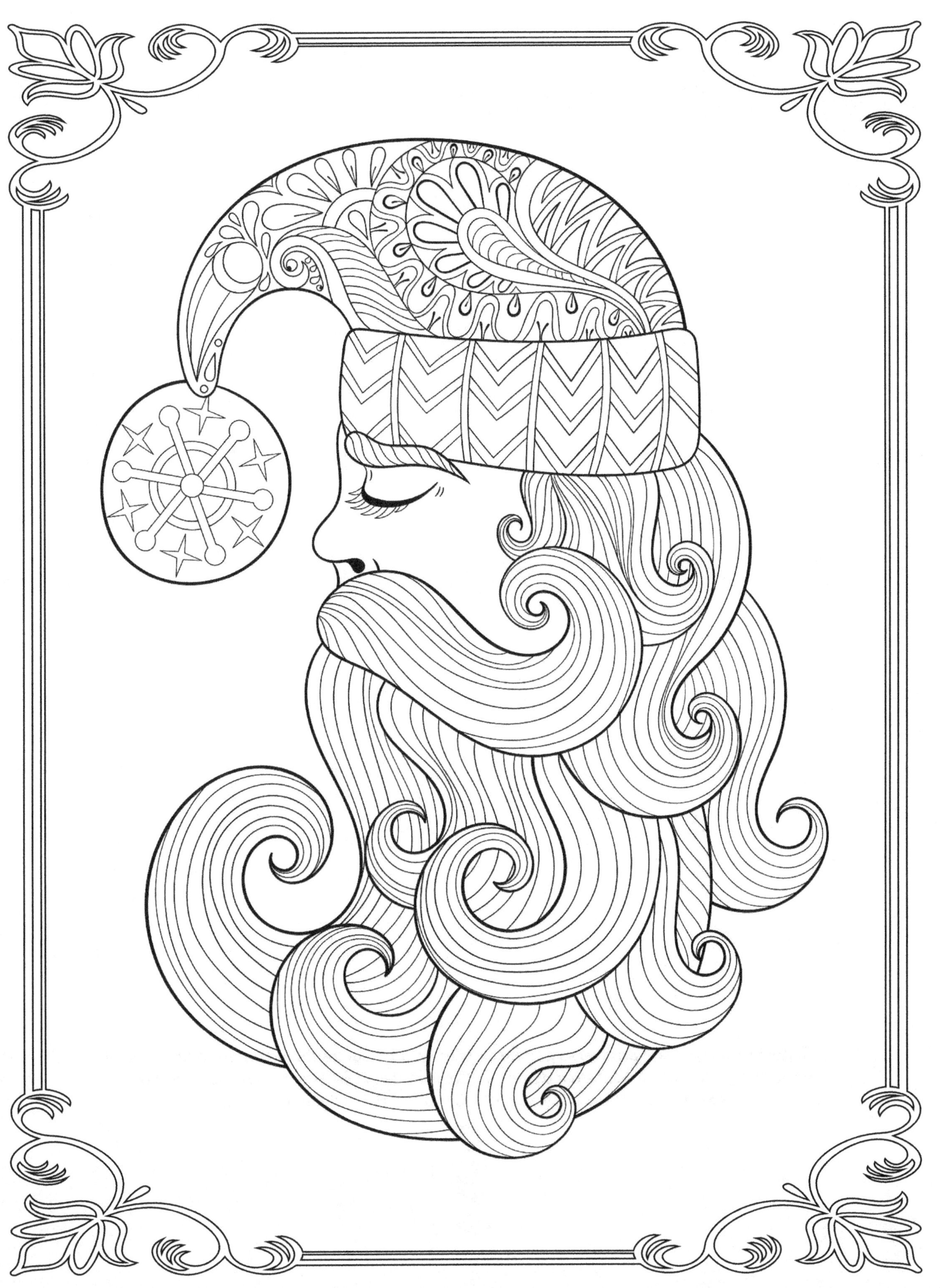

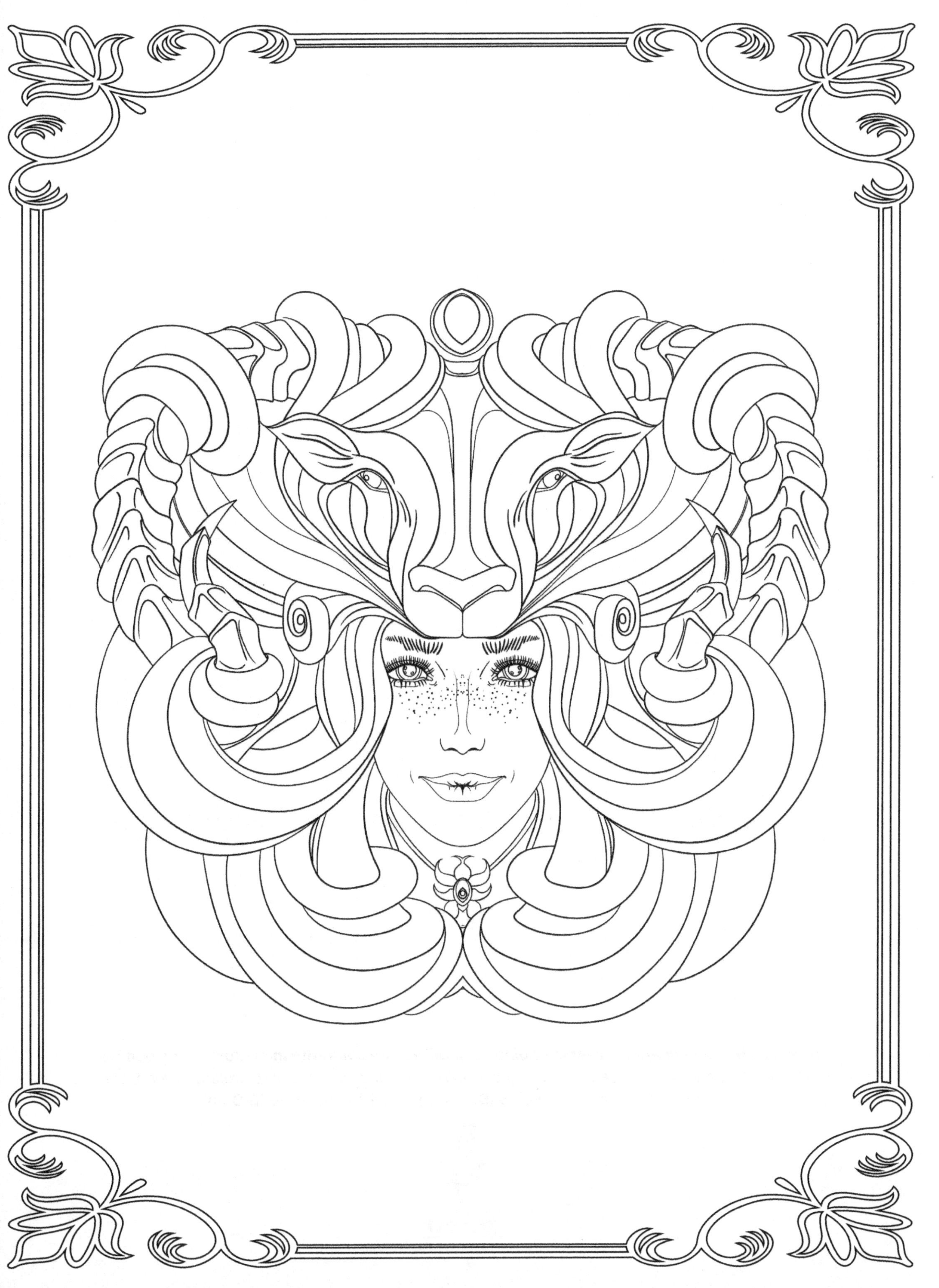

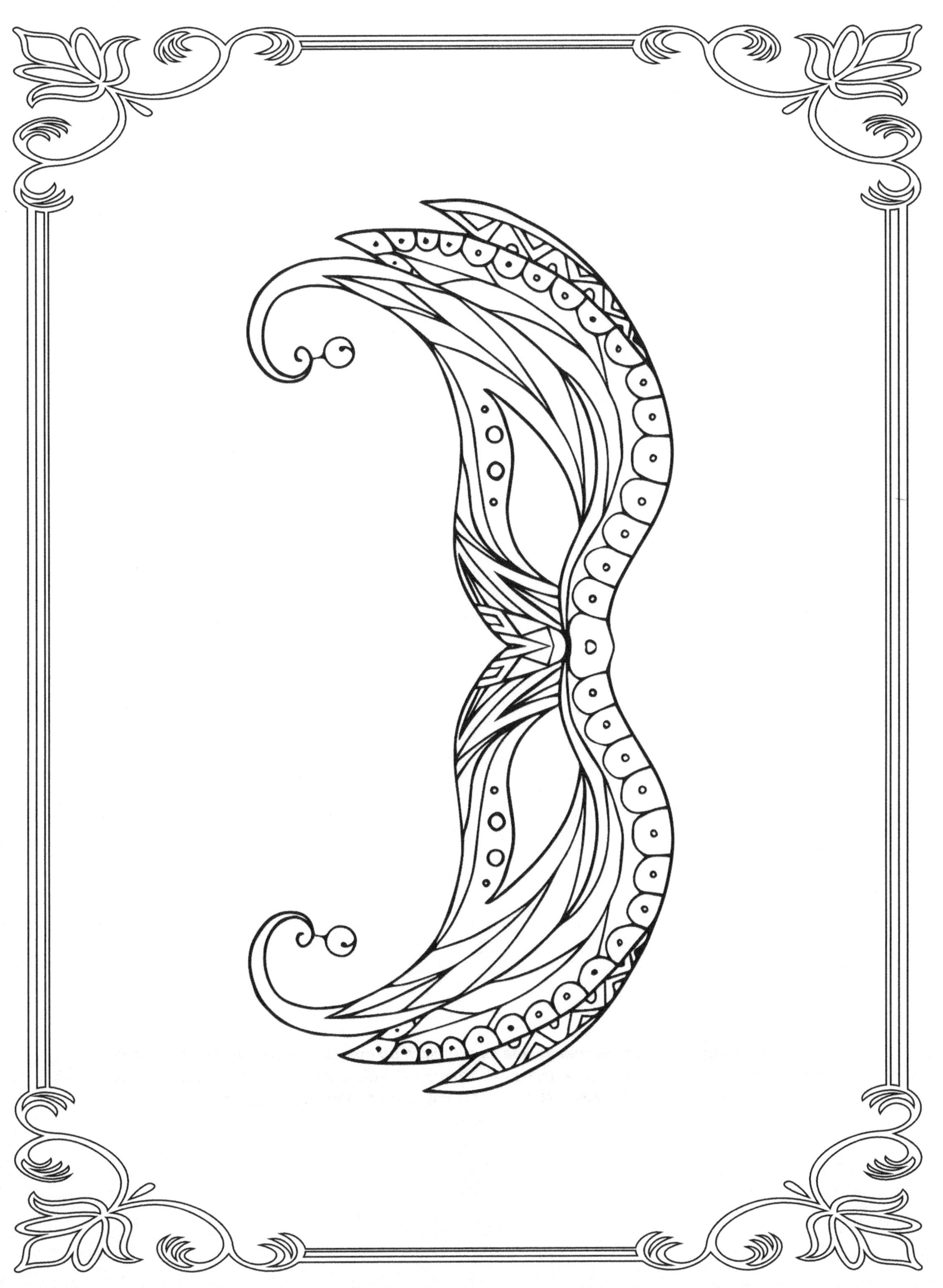

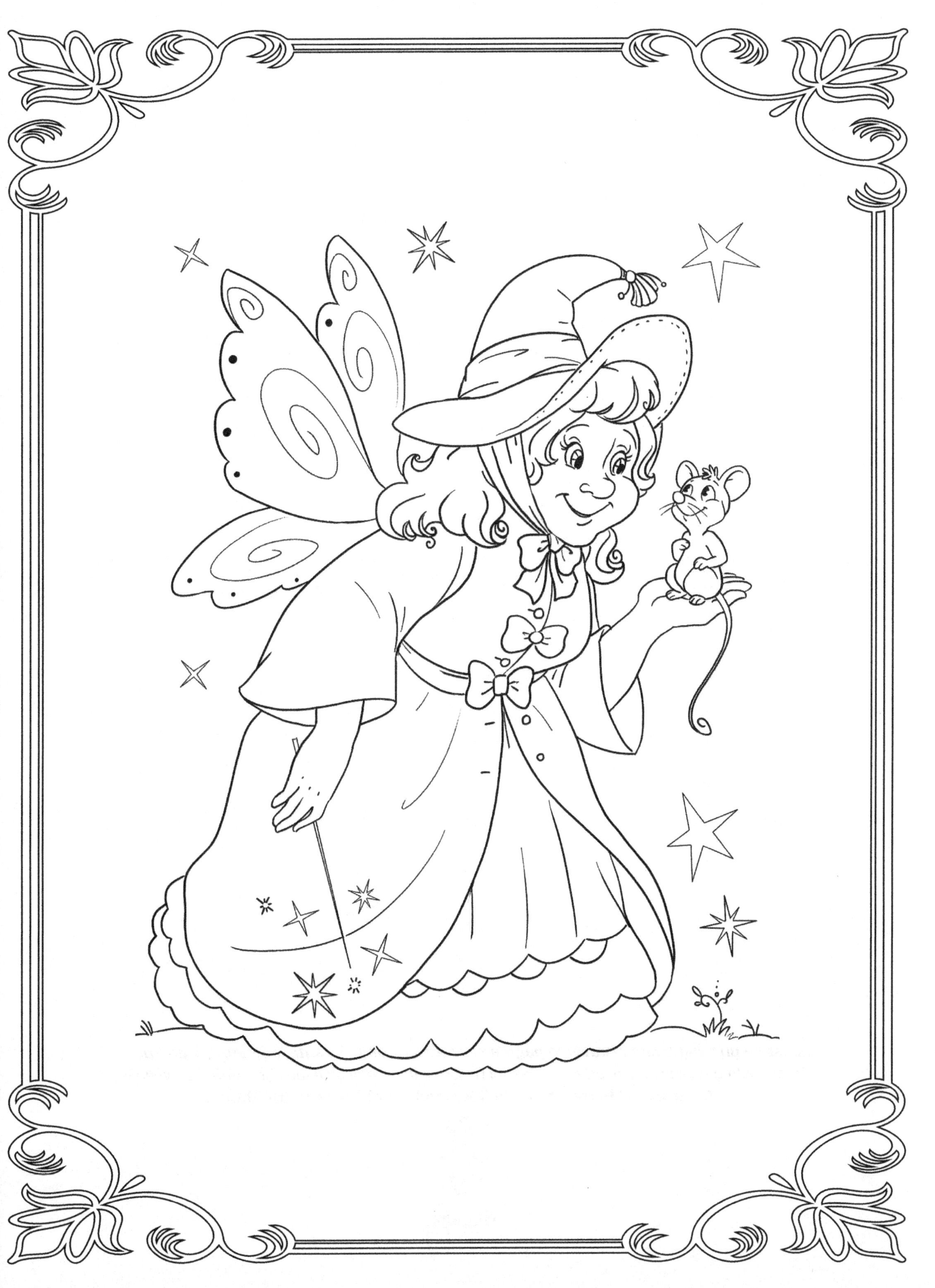

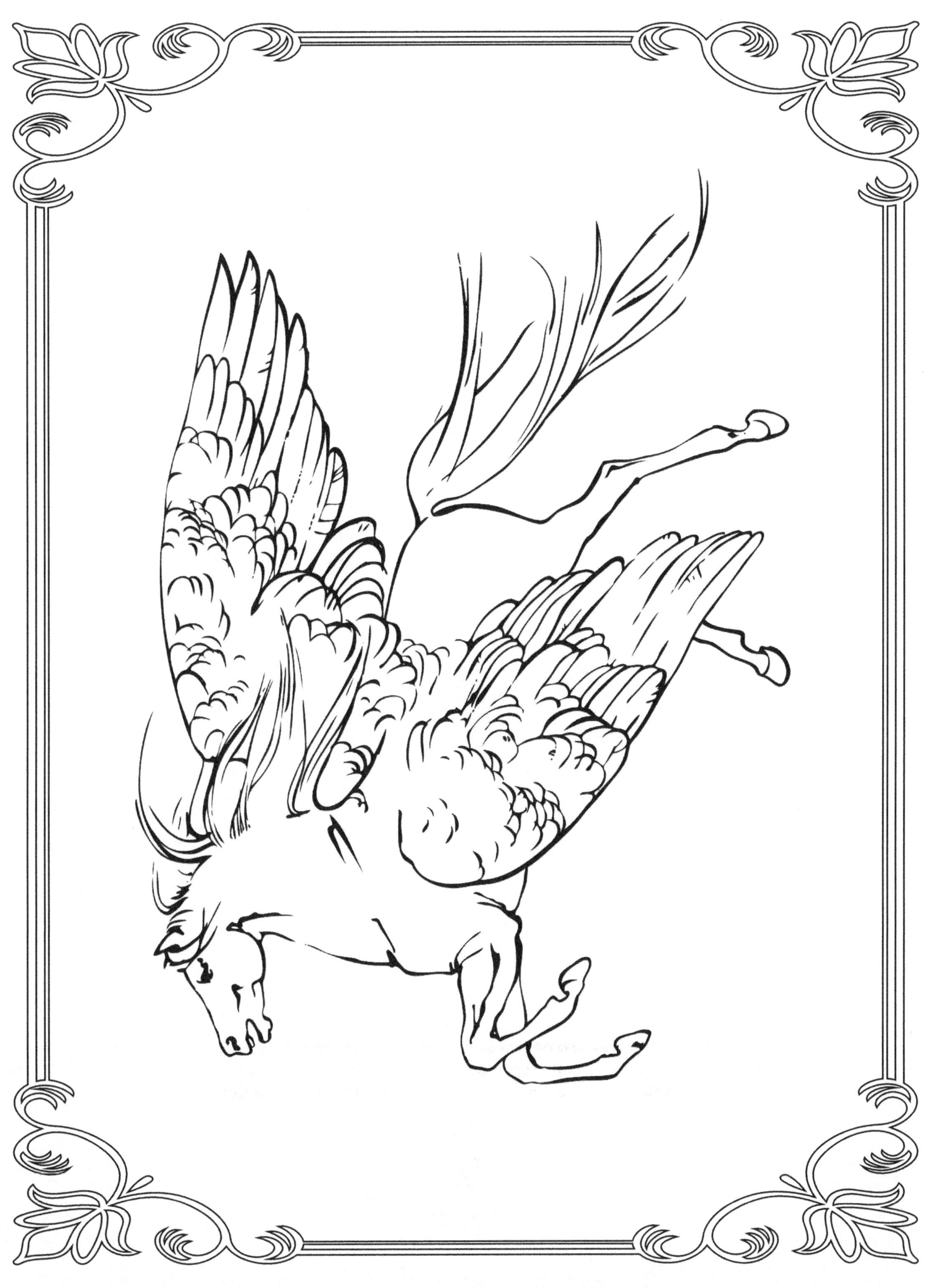

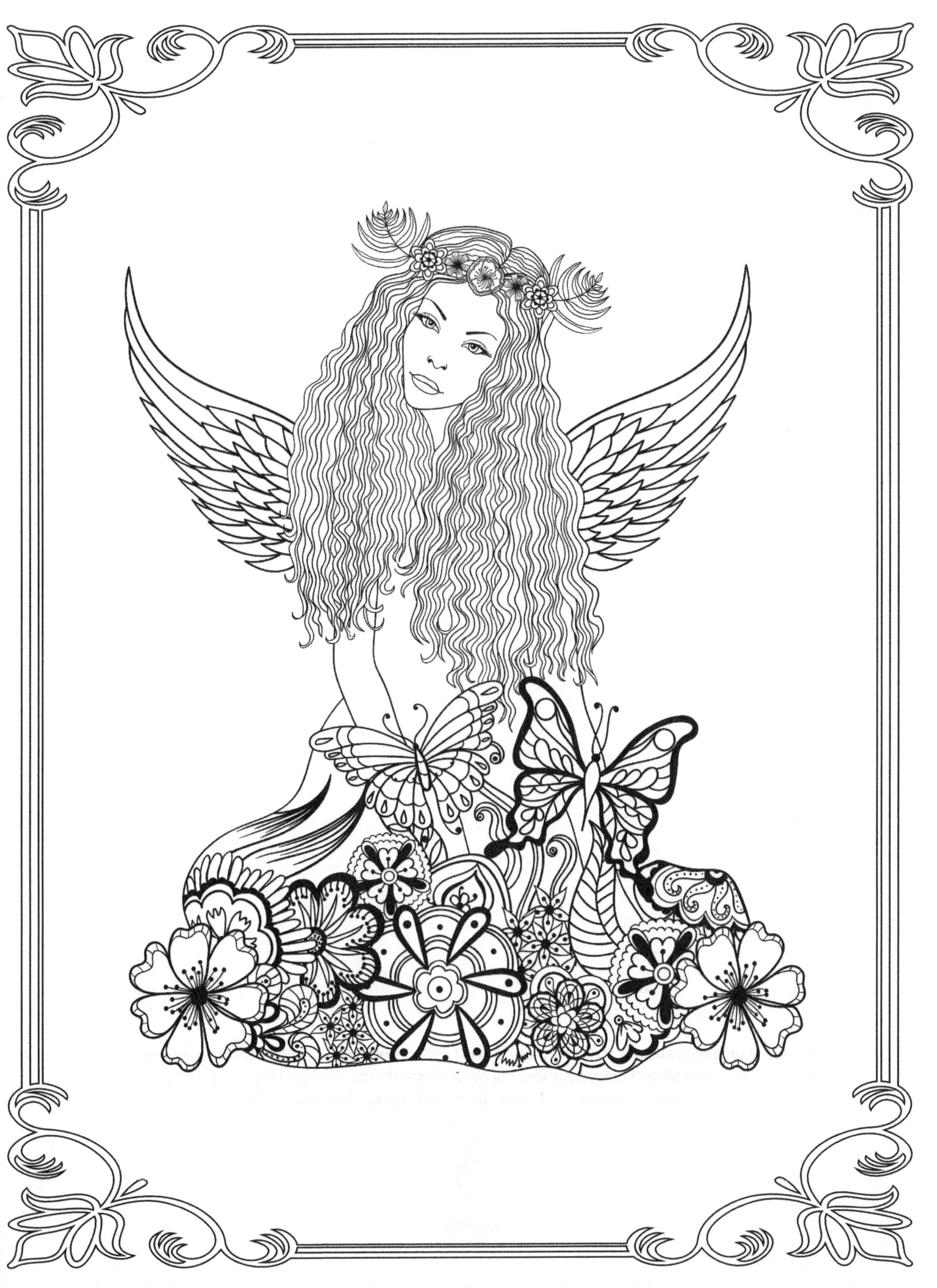

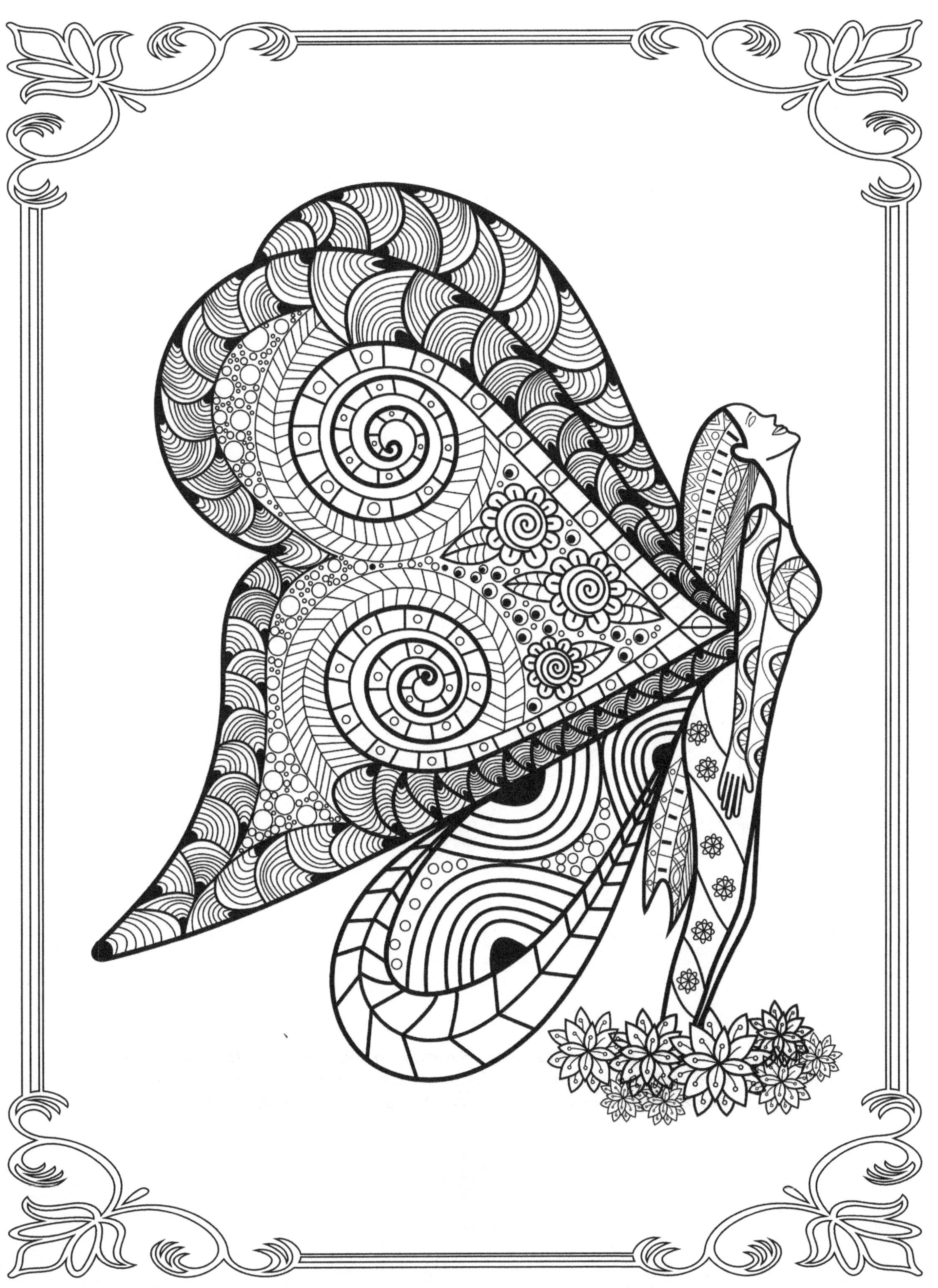

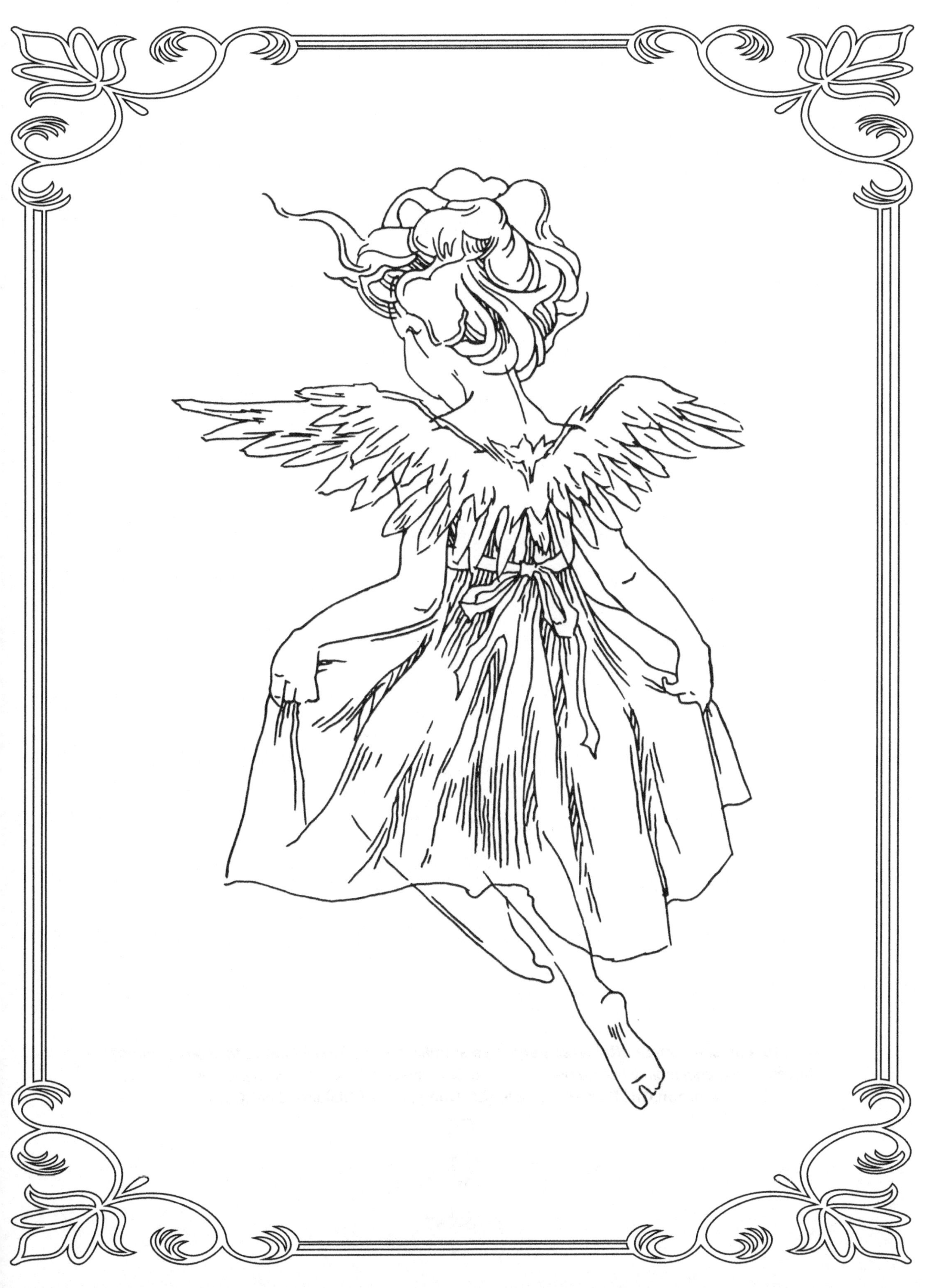

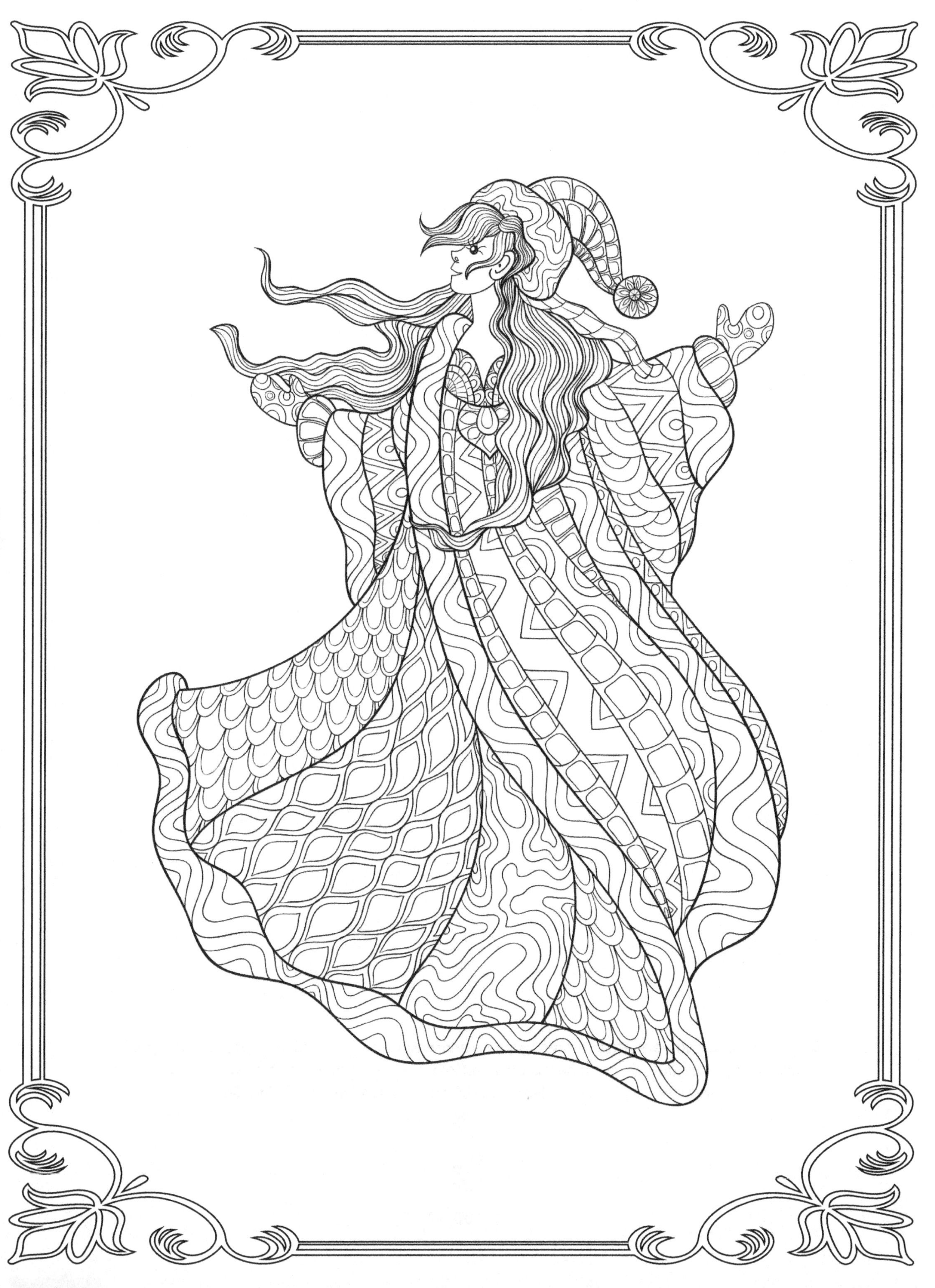

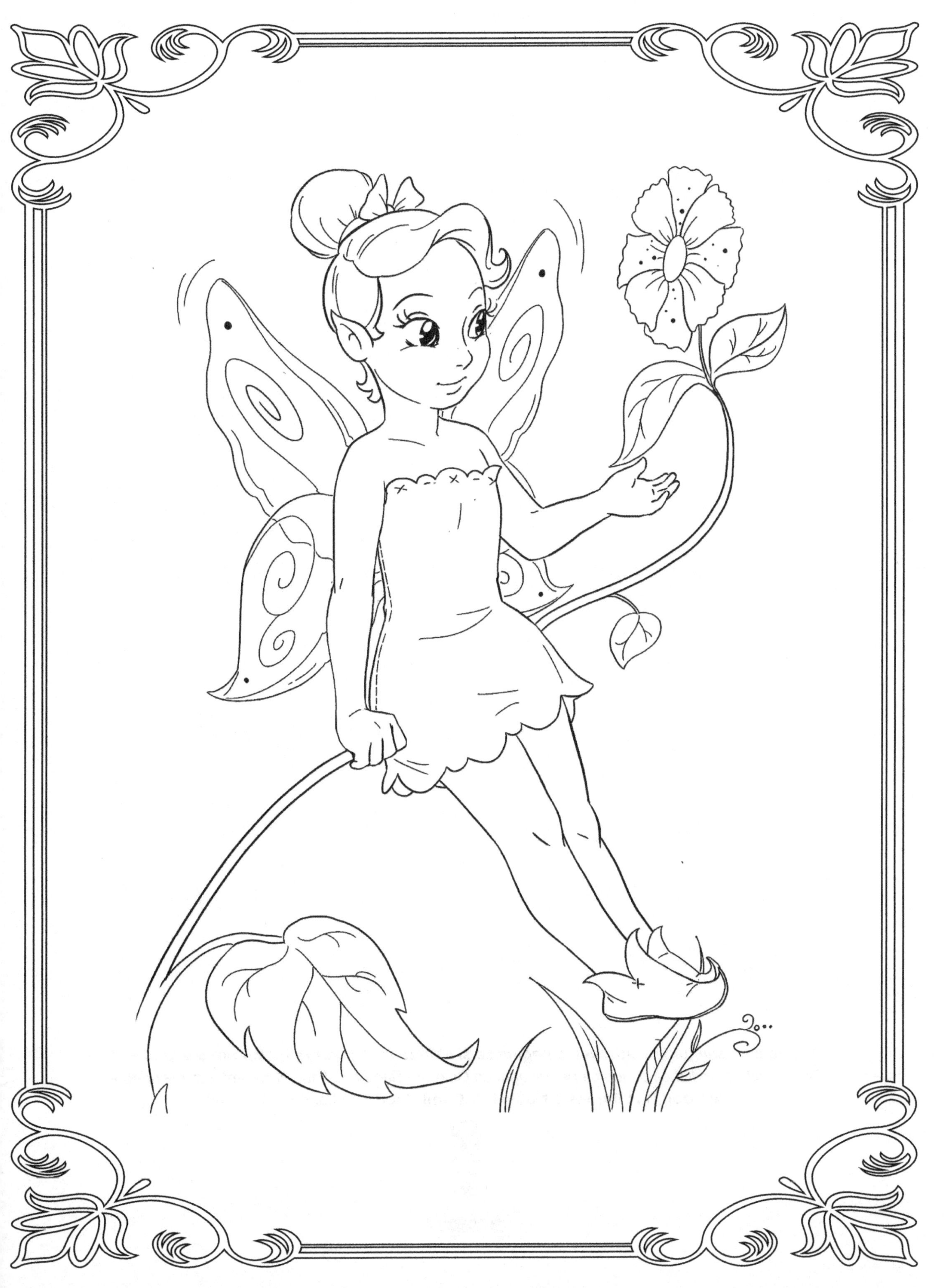

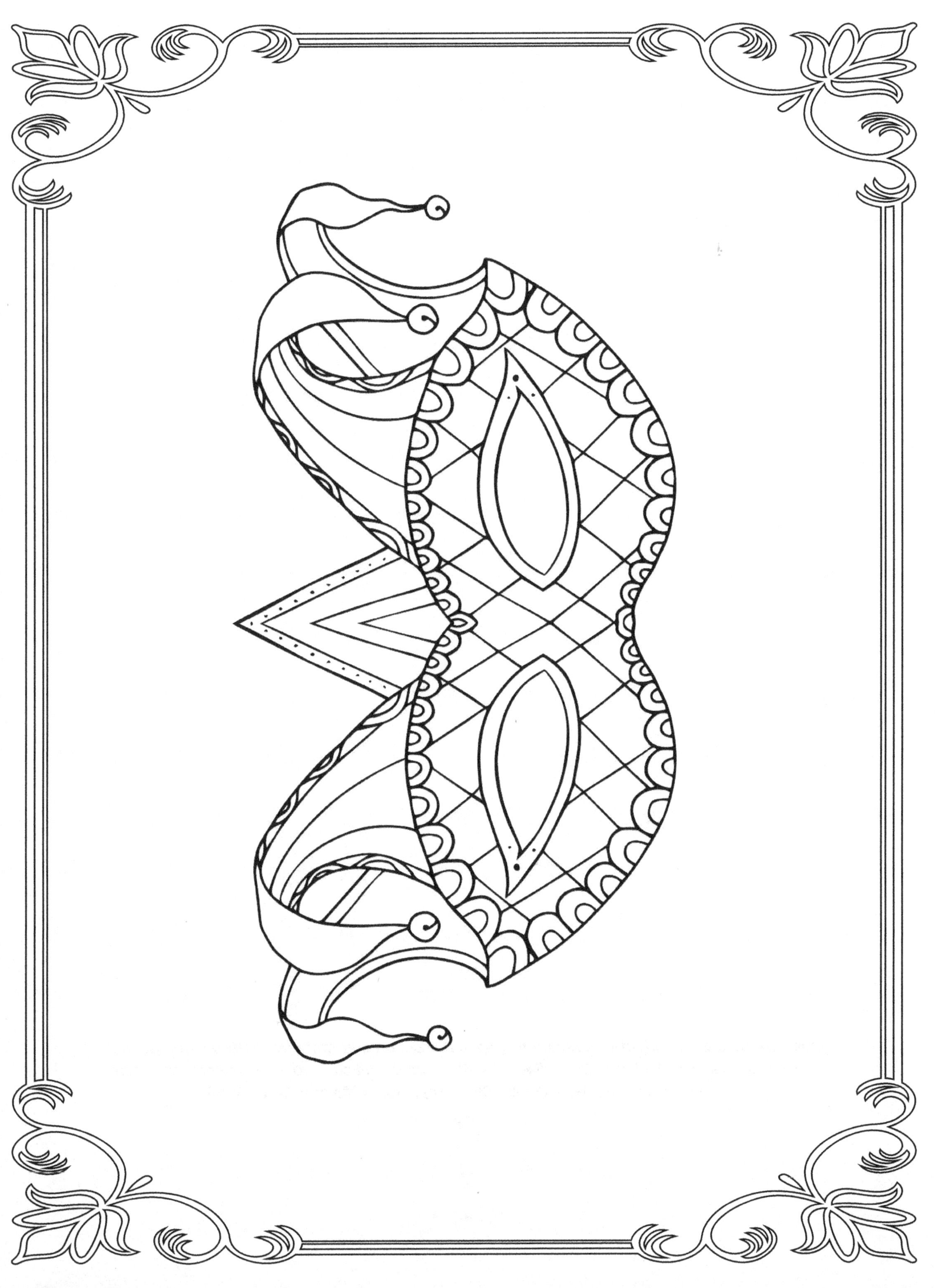

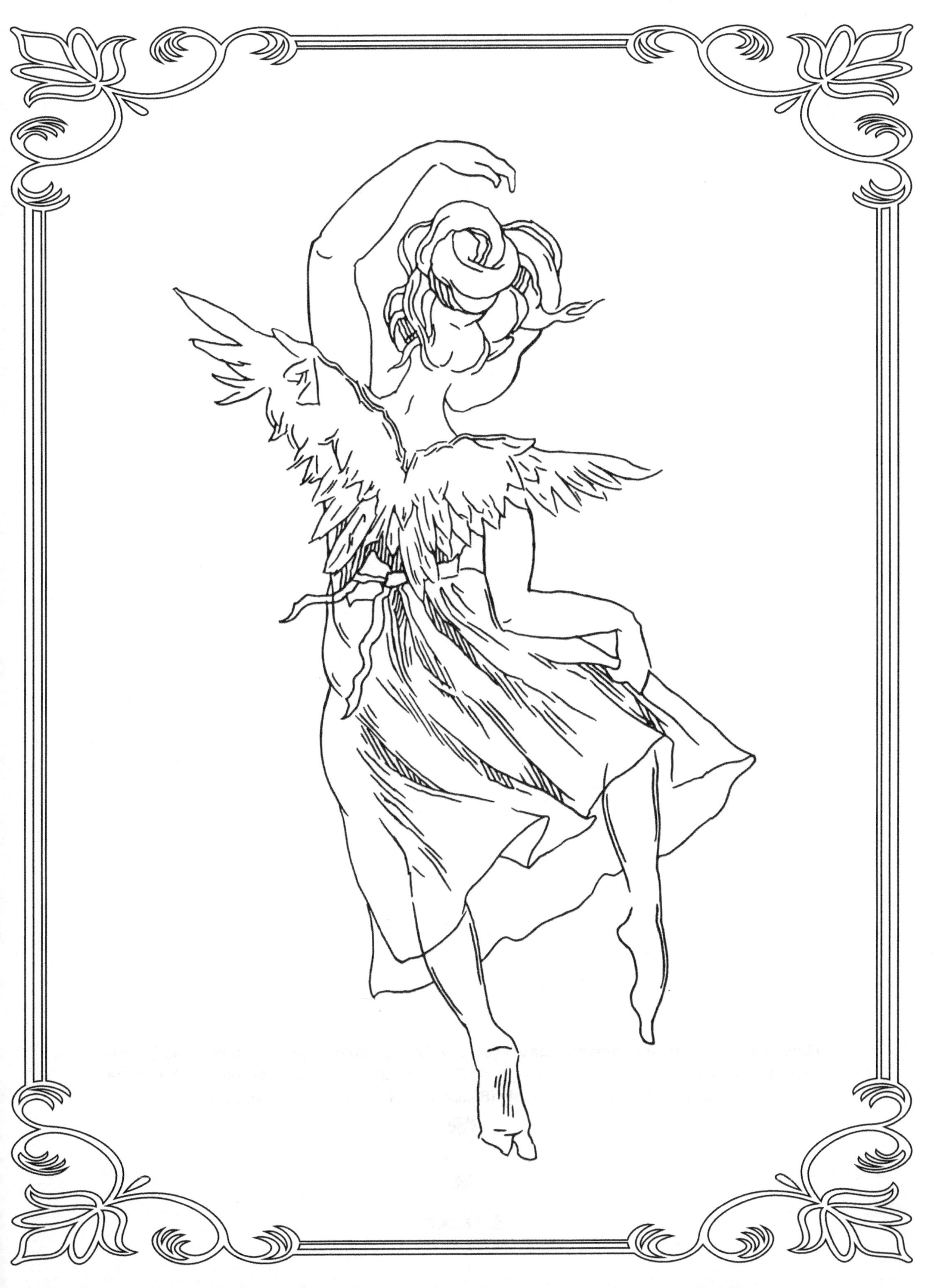

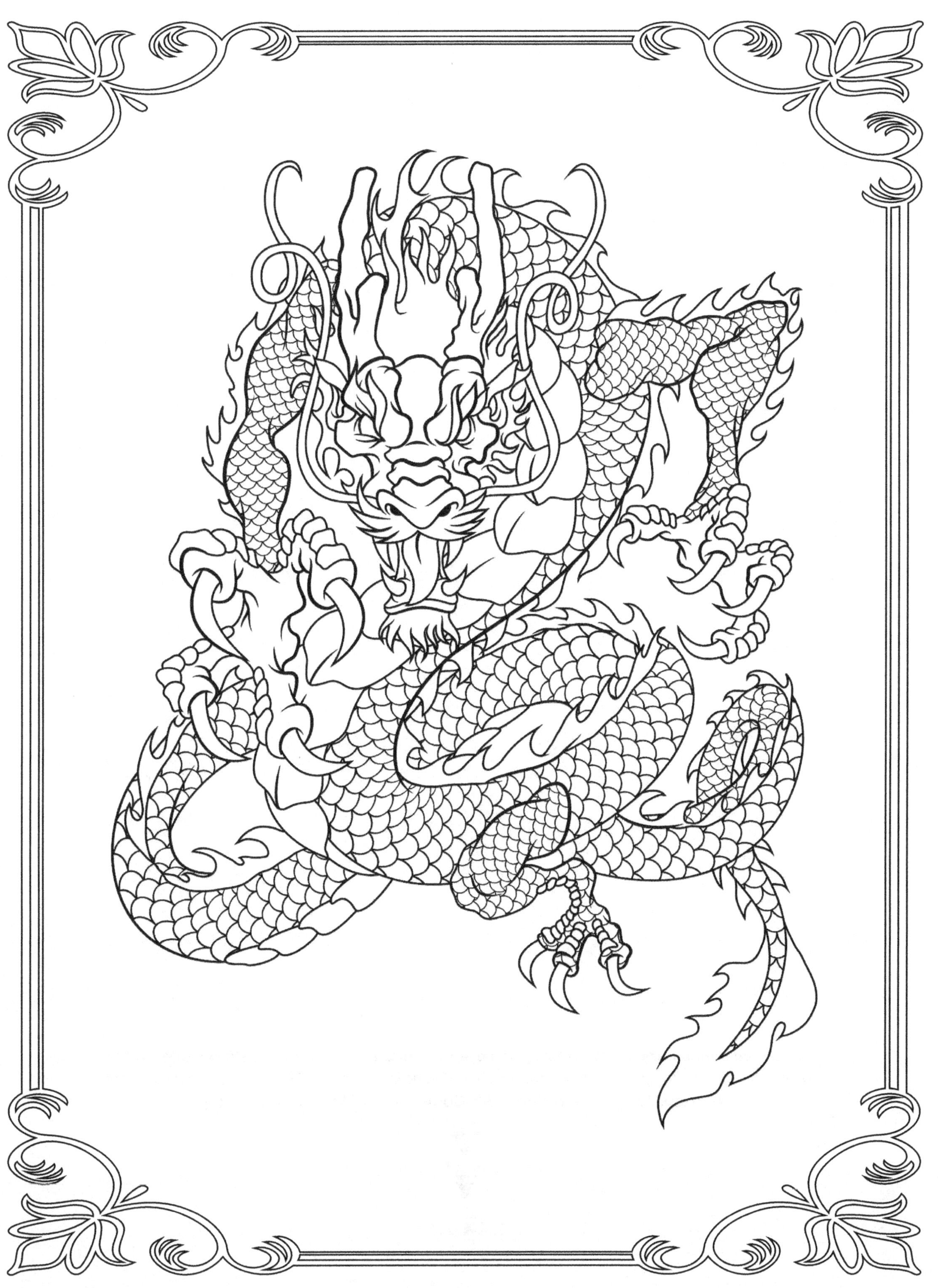

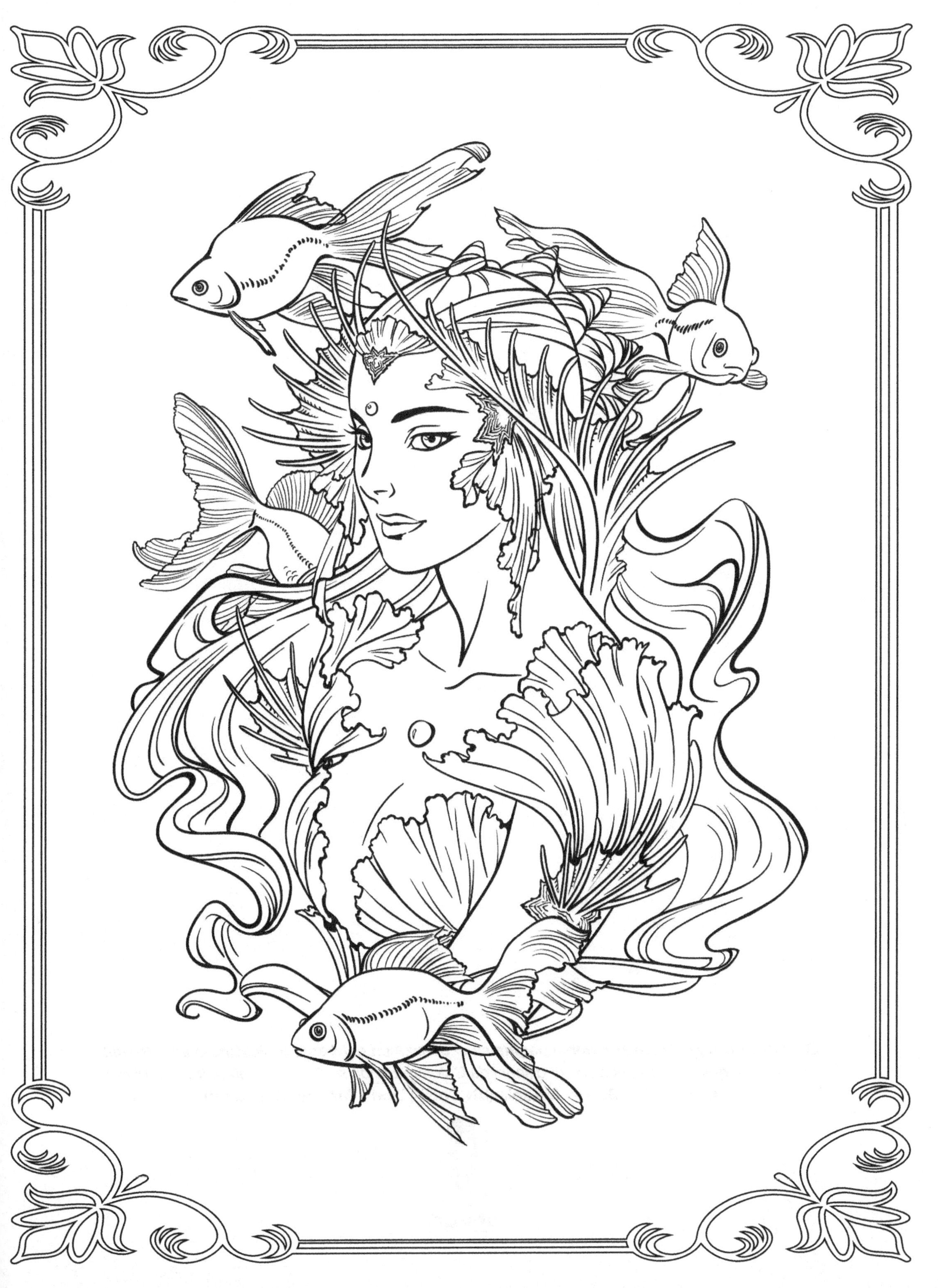

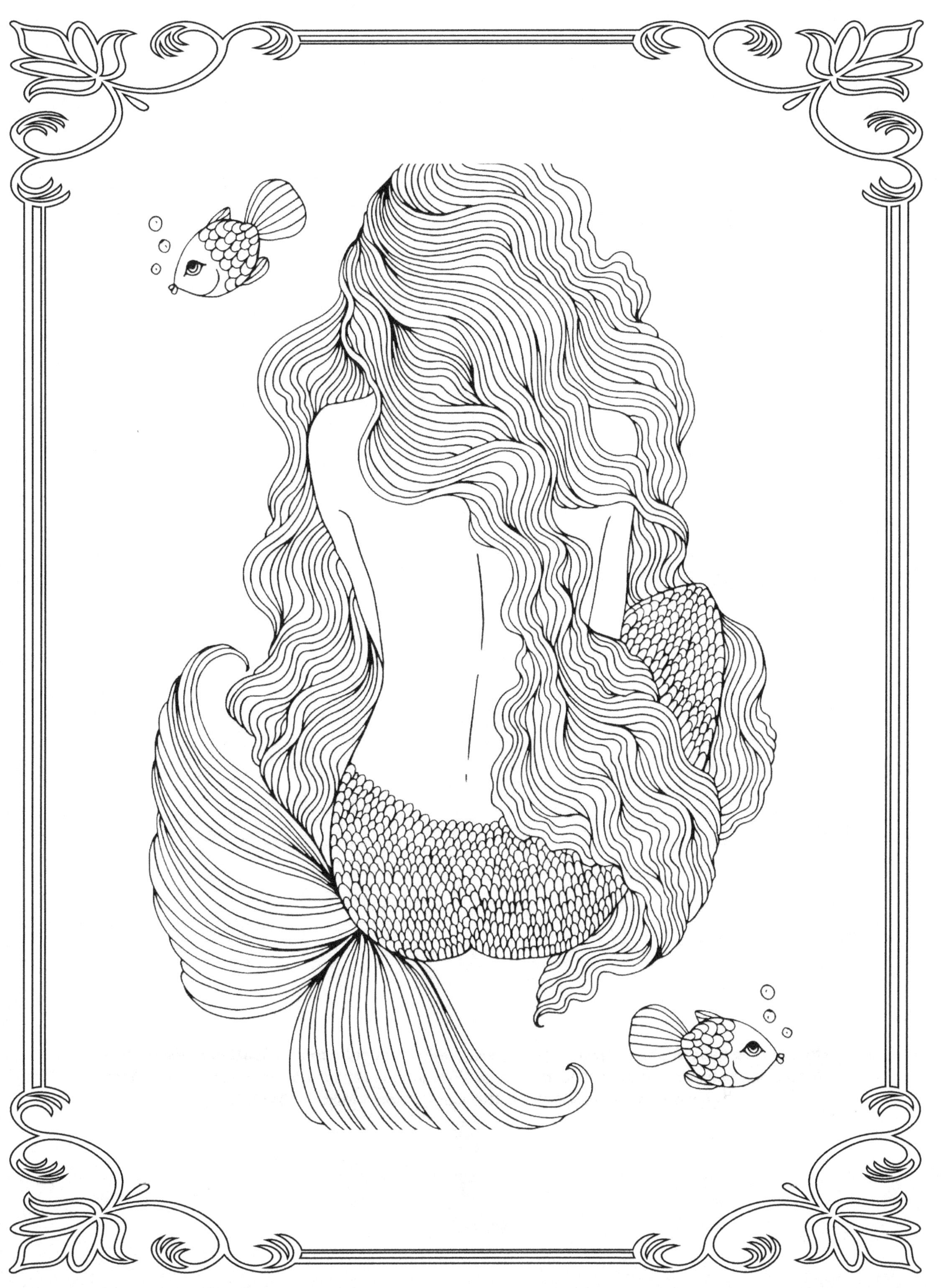

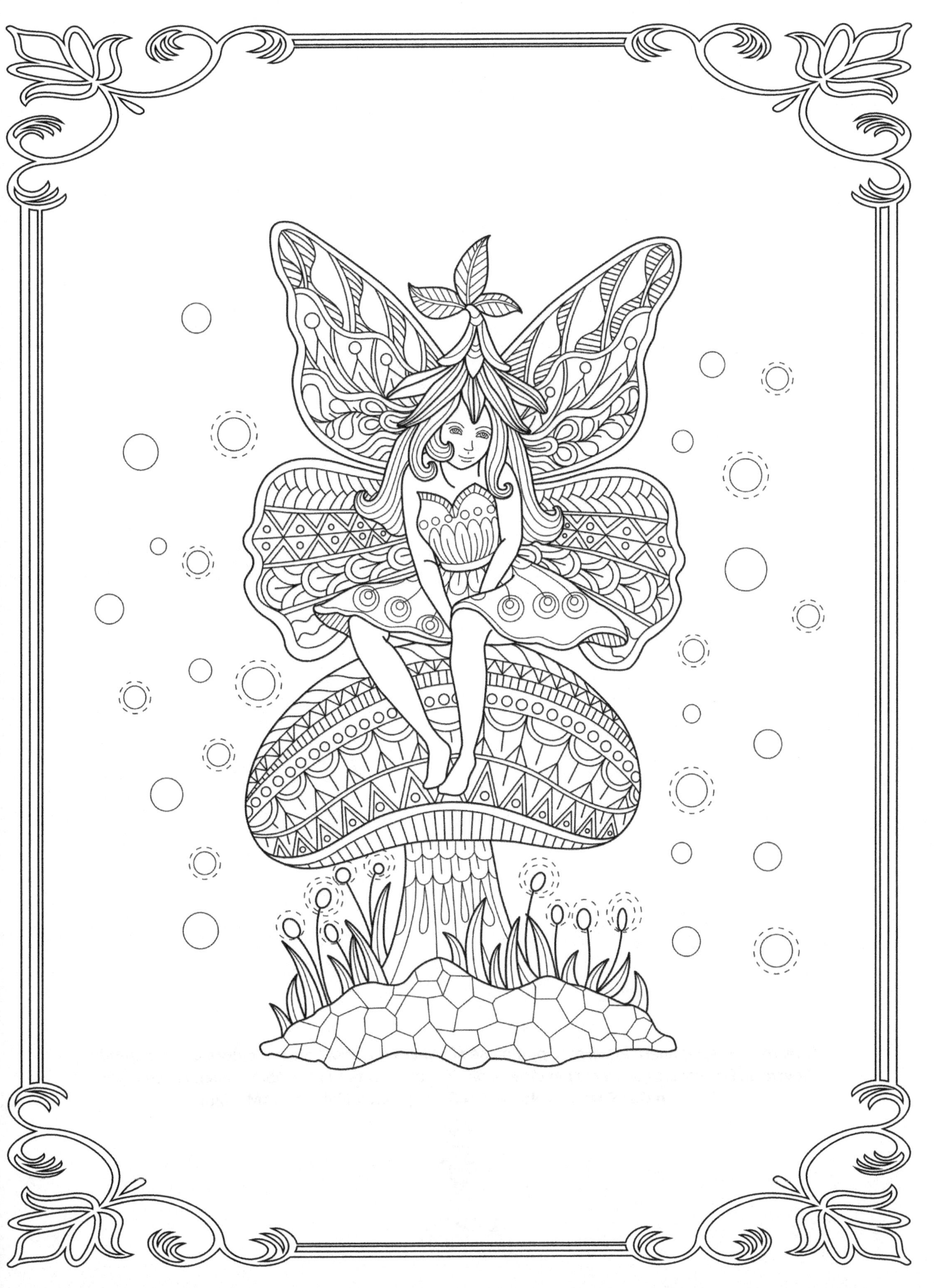

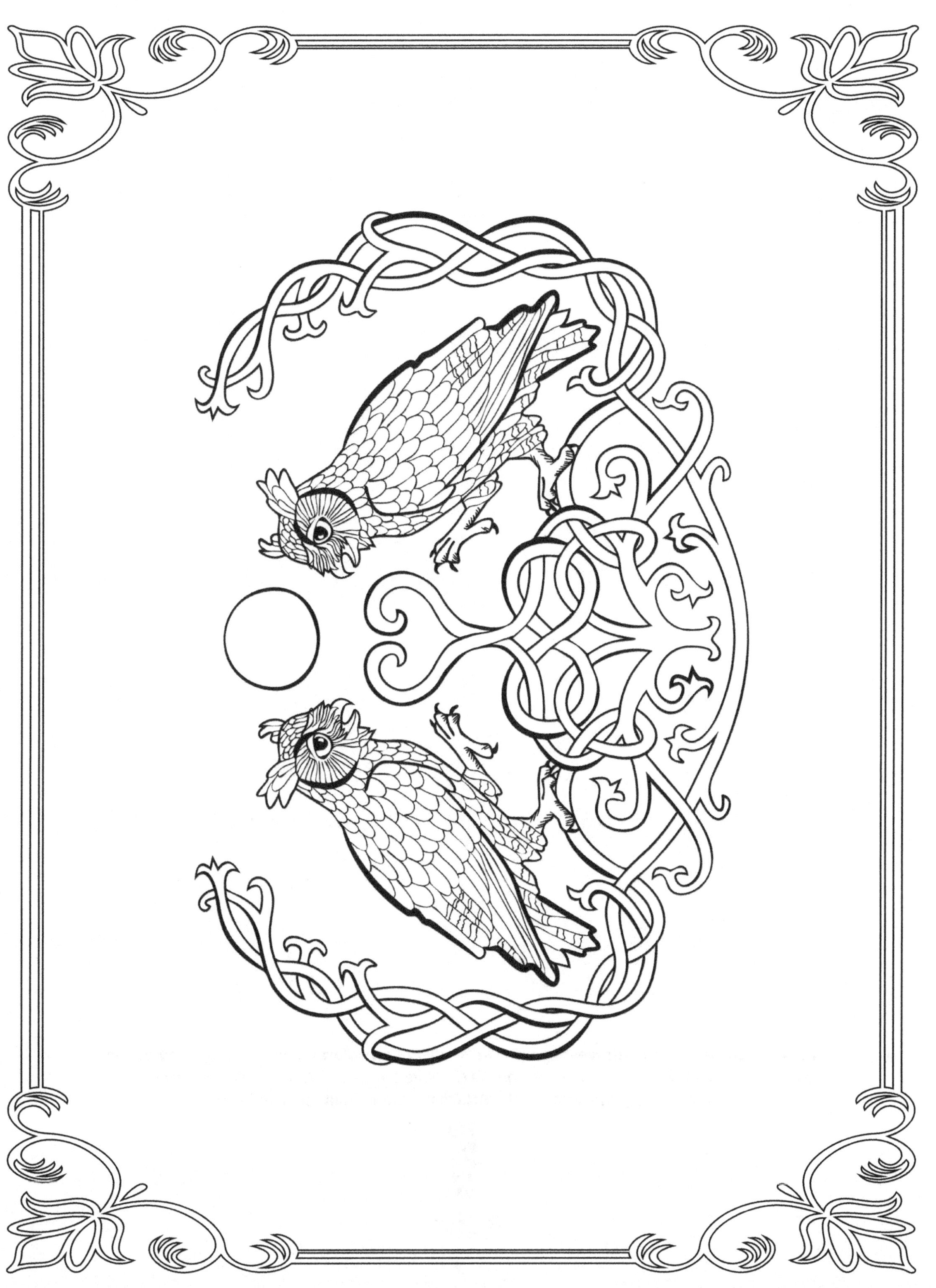

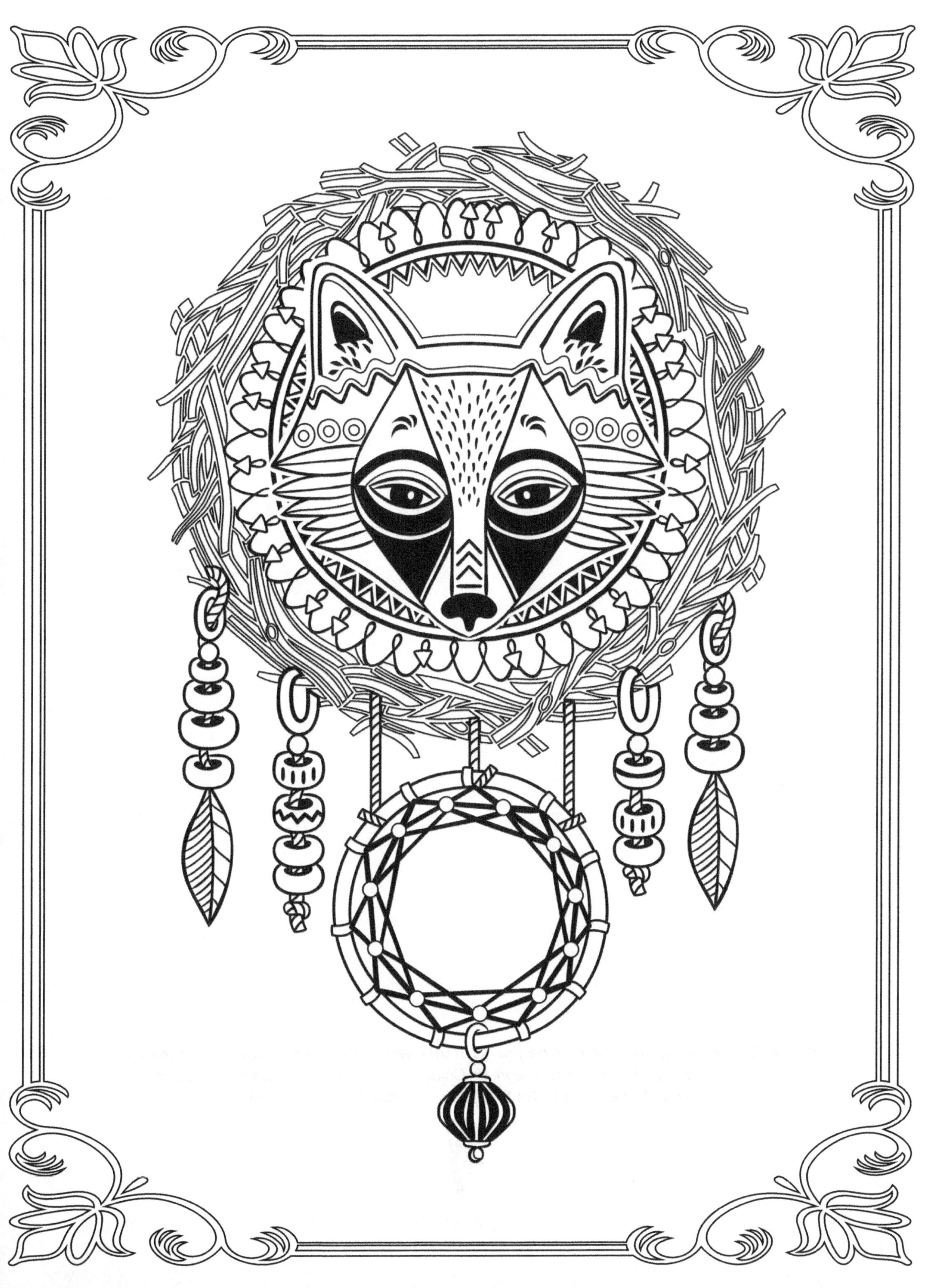

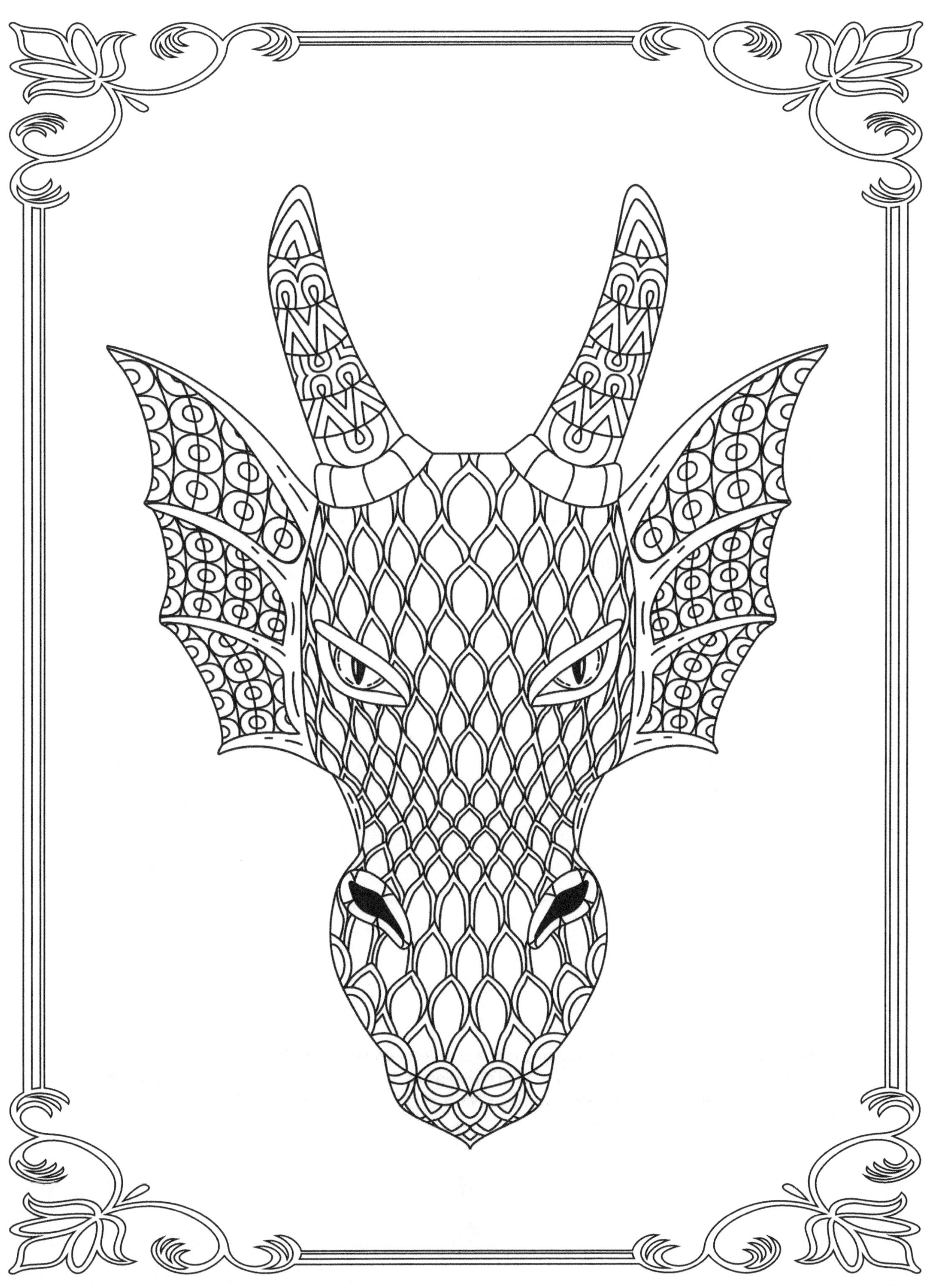

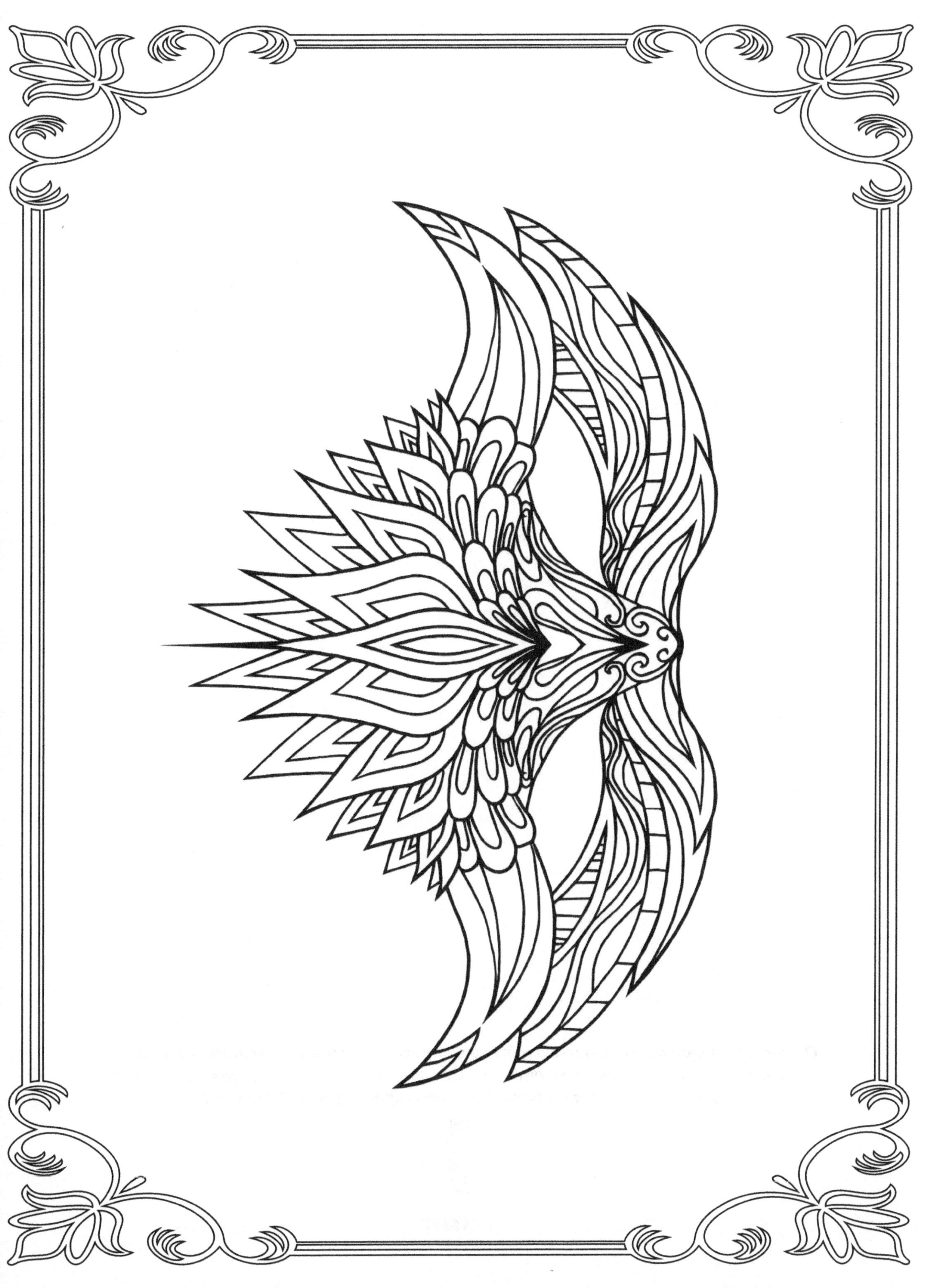

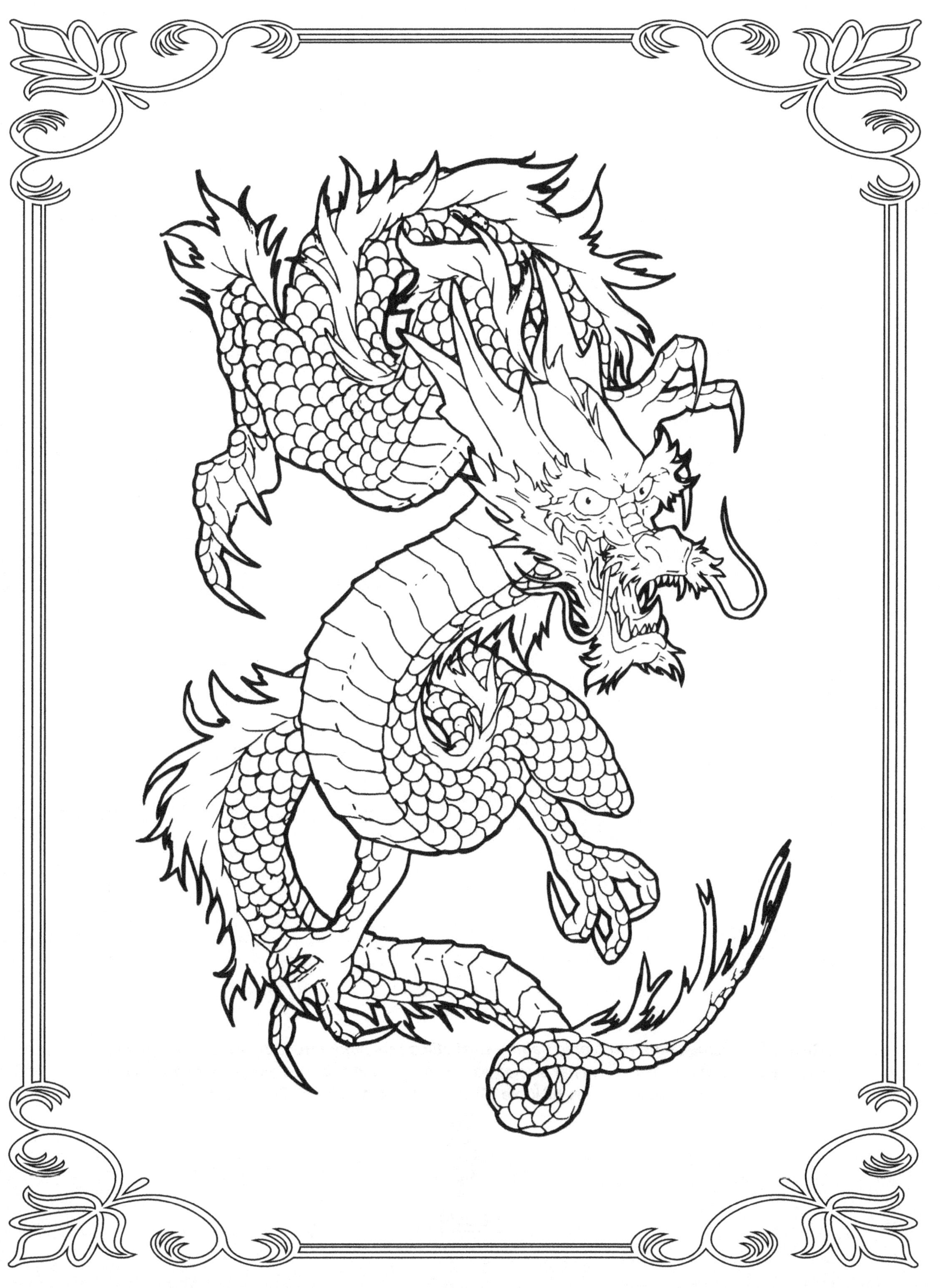

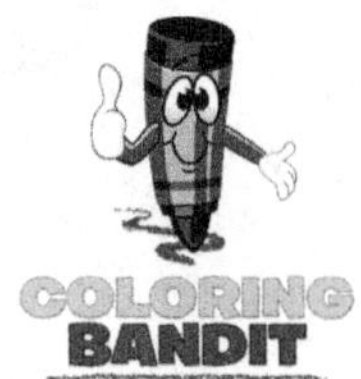

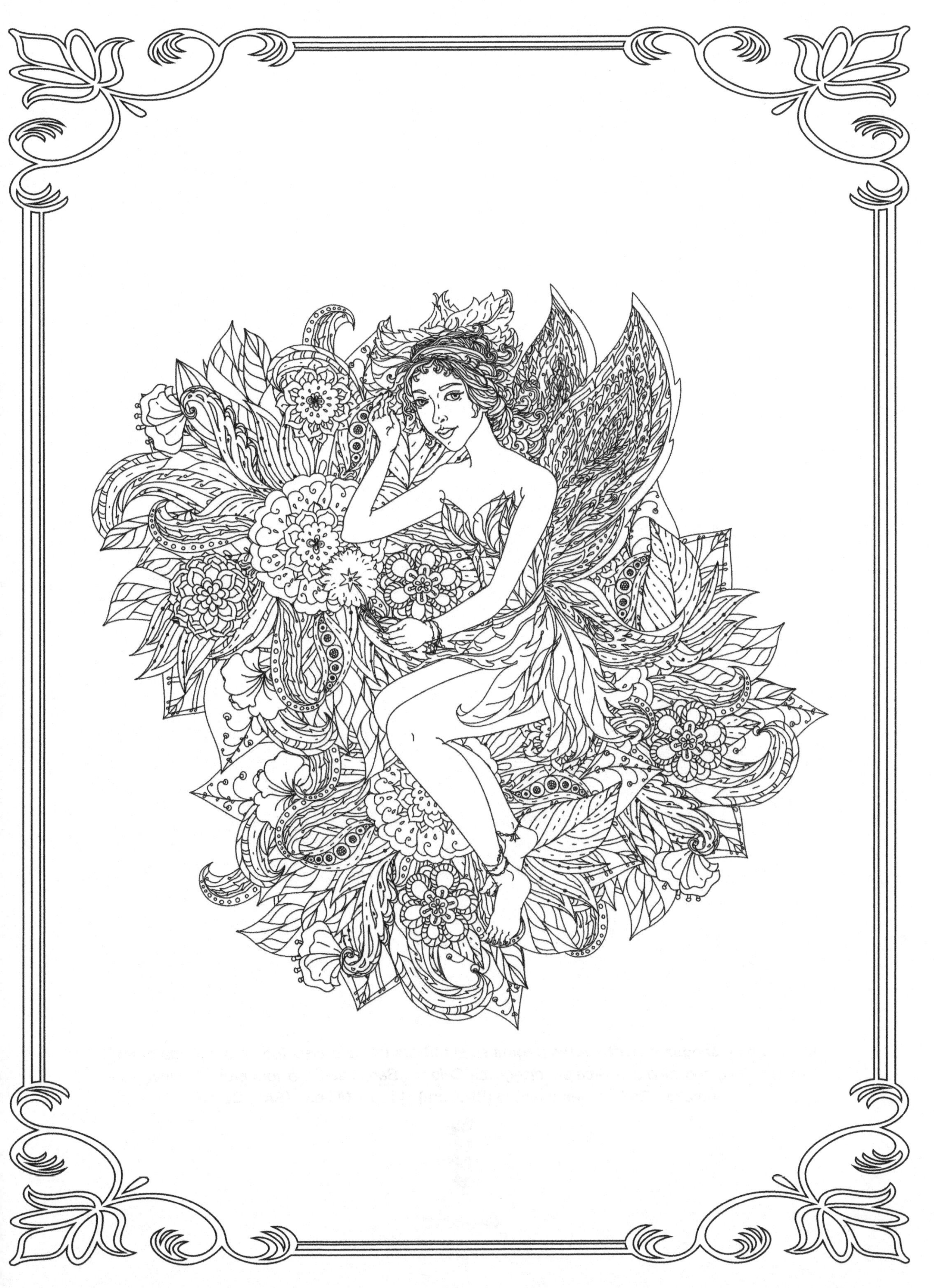

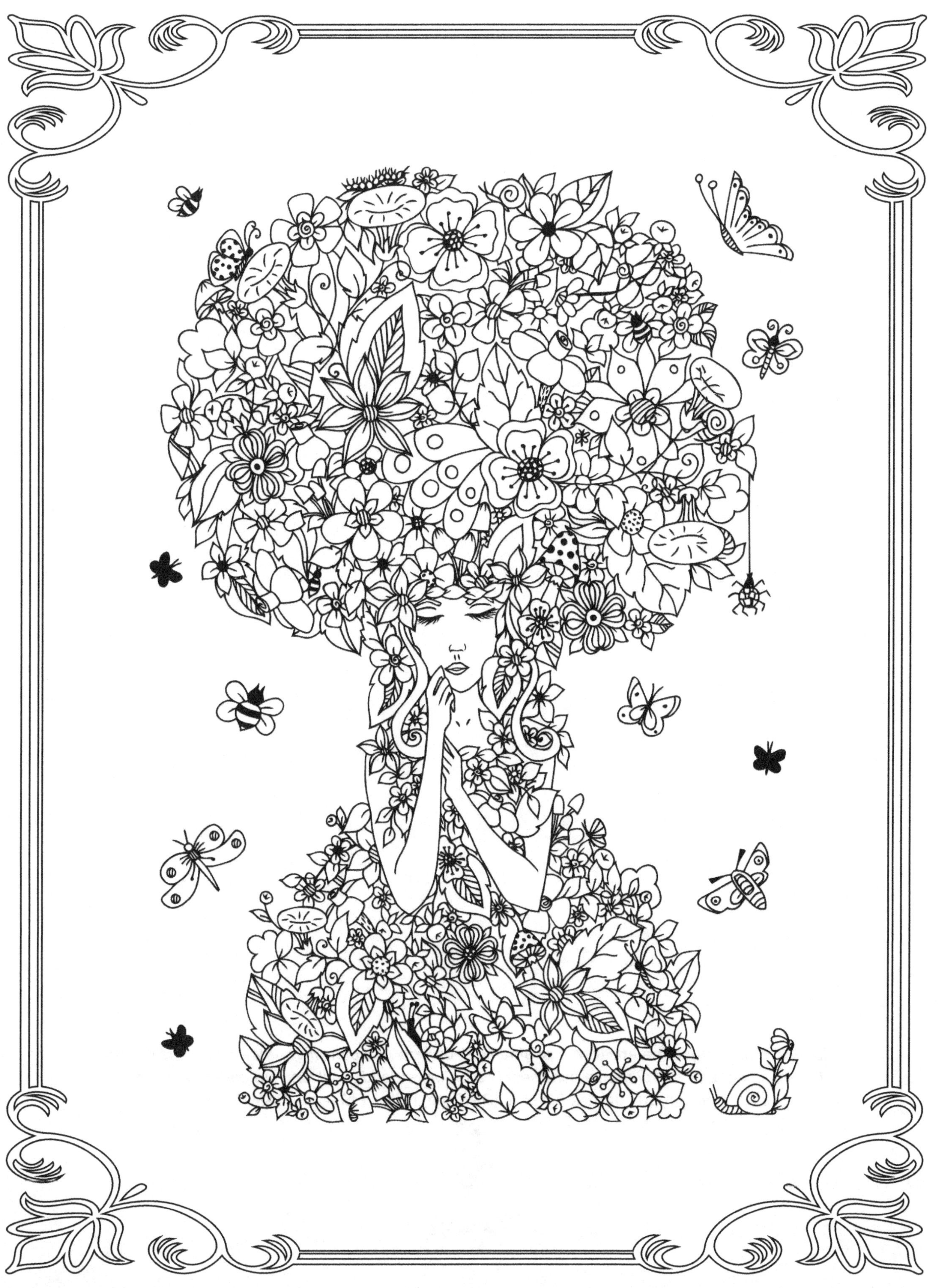

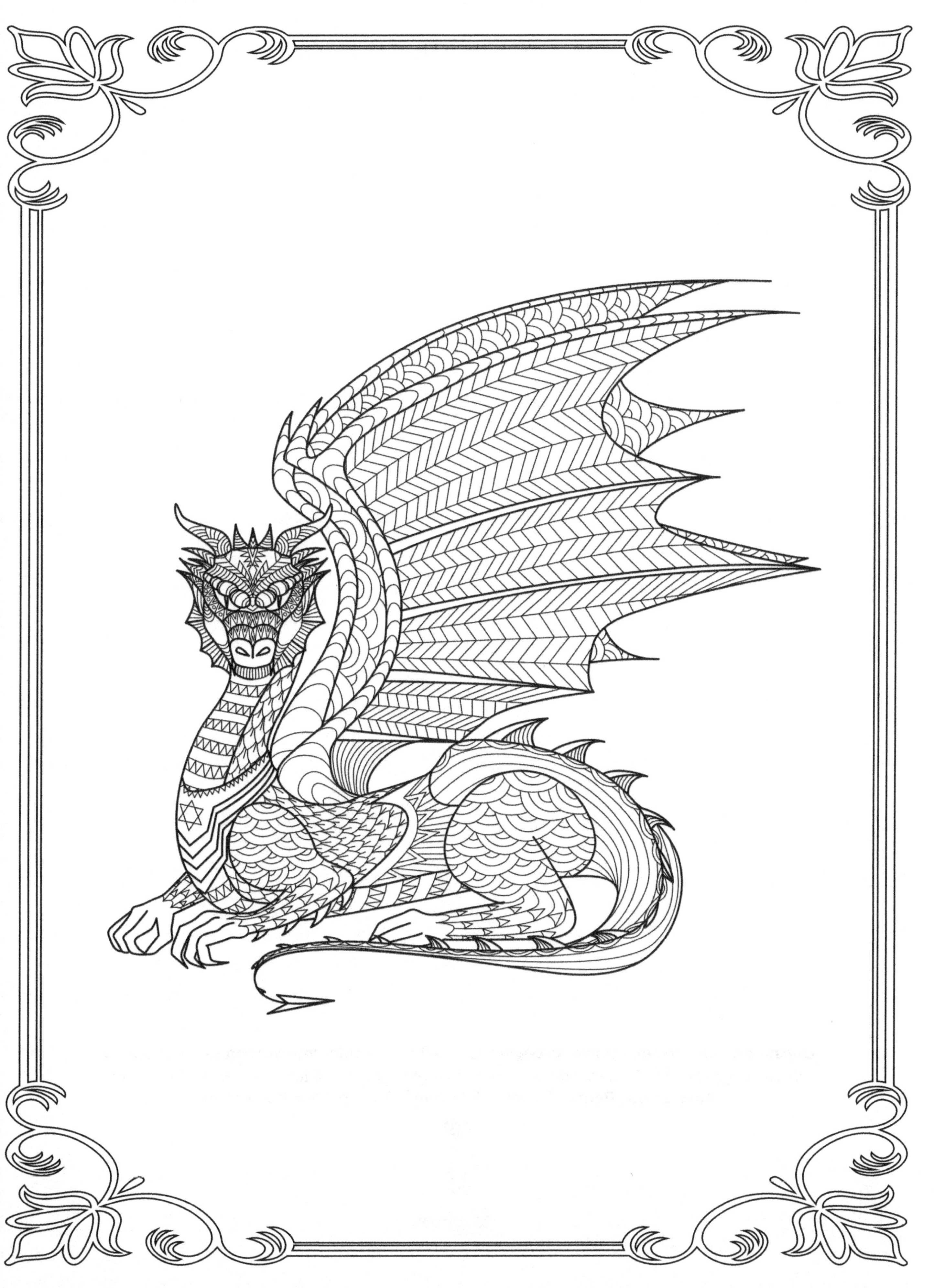

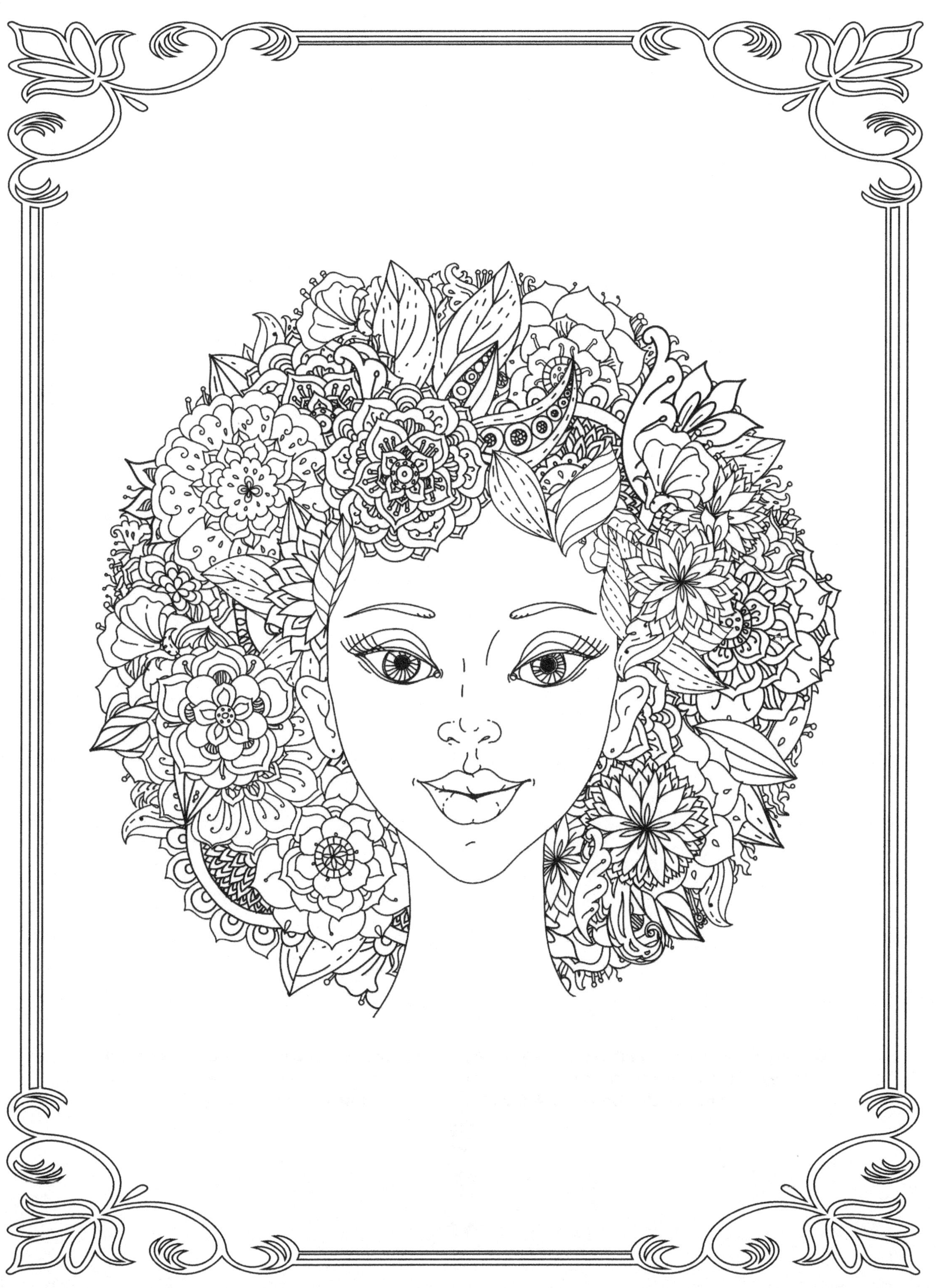

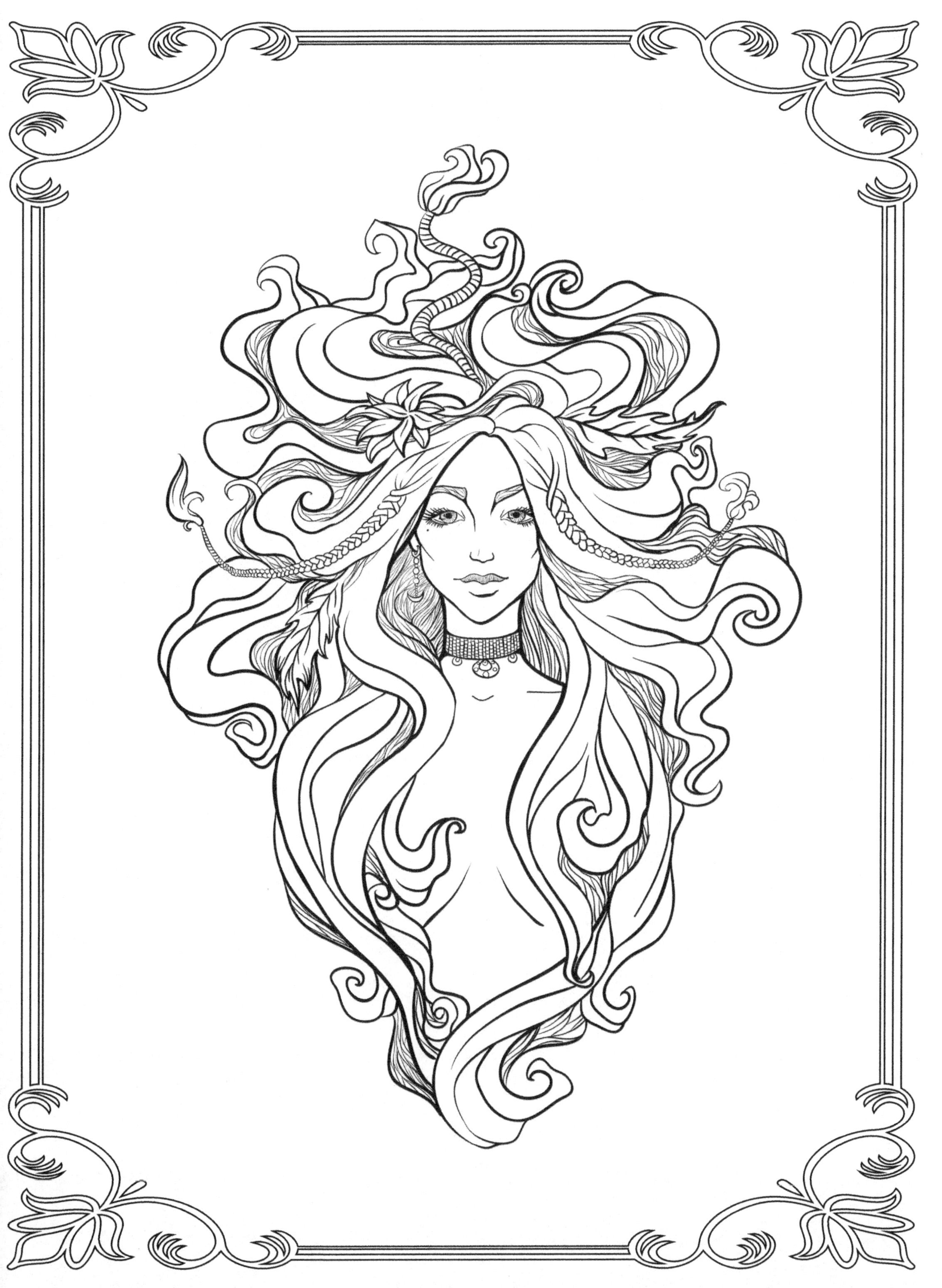

Made in the USA
Monee, IL
07 July 2026

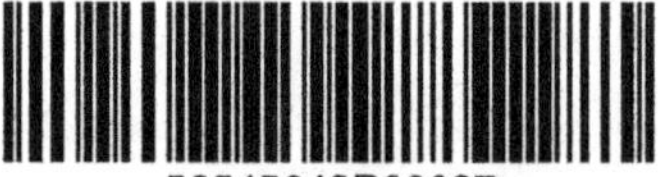

56545648R00037